무예로
조선을
꿈꾸다

● 일러두기

1. 『조선왕조실록』, 『비변사등록』 등은 국사편찬위원회 한국사데이터베이스(https: //db.history.go.kr/)를 참조했습니다.

2. 책명은 『　』, 책의 일부, 조항, 시는 「　」, 미술작품, 노래 제목은 〈　〉로 표시했습니다.

3. 맞춤법과 띄어쓰기, 외래어 표기는 국립국어원 표준국어대사전 및 외래어표기법을 따랐습니다. 다만 관용적으로 굳어진 경우는 예외를 두었습니다.

4. 본문에 실린 이미지 중 저작권 허락을 미리 받지 못한 경우, 추후 저작권자가 확인되는 대로 절차에 따라 사용료를 지불하겠습니다.

＊ 본문 52쪽, 140쪽, 190쪽 이미지 출처 ⓒ Getty Images Bank

무예로
조선을
꿈꾸다

최형국 지음

정 조 의
리 더 십 과
무예도보통지

인물과
사상사

들어가는 말

무예는 가장 전투적인 인간의 몸짓이다. 인류의 역사를 '전쟁의 역사'라 칭할 정도로 인간은 전쟁 속에서 더욱 강인해지고 발전했다. 아이러니하지만 완전한 파괴는 또 다른 변혁을 만드는 시험의 장이기에 전쟁은 인류의 문화 속에서 늘 함께했다. 그런 참혹한 전쟁에서 살아남기 위해 가장 인간적인 몸짓의 강화로 무예가 발전했다.

인류는 수많은 반복훈련을 통해 더욱 정교하게 근육을 만들고, 무기를 다루는 기술을 전수했다. 그러나 오늘날은 무예로 전쟁의 승패가 좌우되는 세상을 넘어섰다. 이미 인간의 물리적 능력치를 넘어서는 최첨단 병기가 그 자리를 채우고 있다.

그렇다면 무예는 더 이상 쓸모없는 것일까. 그건 아니다. 다만 지금은 무예에 인문학적 상상력과 창의력을 더해야 할 때다. 무예가 신체의 근육을 키우는 반복훈련이라면, 인문학 공부는 생각의 근육을 키우는 반복훈련이다. 신체의 근육은 아주 작은 실핏줄들이 다발을 이루어가며 점점 더 조밀해지고 강해진다. 인문학 역시 공부하다 보면 작은 지식들이 다발을 이루어가며 점점 더 지혜로워져 정신적으로 풍요로워진다. 인문학이 더해진 무예는 단순한 투기鬪技를 넘어 지혜로운 인간의 몸짓으로 발전할 수 있다.

나는 인문학이라는 거대한 학문 가운데 역사학이라는 또 하나의 지류를 통해 세상을 이해해나가고 있다. 단순히 머리로만 공부하는 것이 아니라, 옛 무인들의 수련과 삶의 방식을 체득하려 한다. 그래서 낮에는 칼을 들고 말을 타며 수련을 하고, 밤에는 역사학을 공부하고 있다. 단순히 오래되었다고 해서 혹은 무조건 전통적이라고 해서 배우려는 것이 아니라, 그 오랜 세월 이 땅의 역사와 함께할 수 있었던 것은 당대의 통찰이 시대를 초월해 여전히 지금도 현재적 의미를 지니고 있다고 생각하기 때문이다. 그렇기 때문에 옛사람들이 고안한 여러 가지 무예 수련의 의미를 하나씩 찾아나가고 있다.

단순한 '기술의 시대'는 저물어가고 있다. 바야흐로 지금은 3차 혁명을 넘어 4차 혁명을 이야기하는 시대다. 그리고 그 중심에는 '사람'이 있다. 무엇보다도 사람이 사람답게 살 수 있도록 하고 그 안에서 진정한 자유를 찾는 것이 혁명의 본질이다. 기가GIGA 시대가 시작되면서 세상은 걷잡을 수 없을 정도로 점점 더 빠르게 변하고 있으며 정보량은 급증하고 있다. 아마도 멀지 않아 더 빠른 무엇인가가 우리를 감쌀 시대가 올 것이다. 그 과정에서 '검색'하는 시간은 늘어나고 '사색'하는 시간은 줄어들 것이다.

점점 더 빨라지고 복잡해지는 세상 속에서 점점 더 소외되어가는 사람의 핵심인 '몸'을 수련하는 것이 무예이고, 그 무예를 더 지혜롭게 풀어갈 수 있도록 만들어주는 것이 바로 '인문학'이다. '몸'과 '마음' 수련은 따로 있는 것이 아니라, 그 안에서 조화롭게 함께 풀어가는 것이 진정 건강한 미래를 개척해가는 또 하나의 방법일 것이다.

나는 정조가 남긴 조선 최후의 무예서이자 유네스코 세계기록유산인 『무예도보통지』를 그러한 공부의 중심에 새겼다. 그리고 그 안에 담긴 수많은 지식과 움직임을 몸 철학으로 풀어냈다. 철없던 19세 언저리에 쥔 칼의 세월이 29년이나 흘렀다. 그 오랜 세월 동안 가까이 둔 책이 『무예도보통지』였으며, 무예를 수련하면서 생겨난 궁금증을 해소하기 위해 역사를 공부하기 시작했다. 하지만 무예사를 공부하는 일은 쉽지 않았다. 주류를 벗어난 변방의 학문을 찾아가는 일은 무예 수련보다 더 어렵게 느껴지기도 했다. 무엇보다 연구를 함께해 나갈 연구자들이 거의 없었기에 외로웠다.

우여곡절 끝에 박사학위를 받았고, 한때는 대학 강단에 서서 역사학과 전쟁사를 가르치기도 했다. 다른 학문이 아닌 역사학 공부를 다시 시작한 것은 무예를 오로지 단순한 전투 기술에 그치는 것이 아니라 인문학적 가치의 창조와 새로운 몸 문화의 틀로 발전시키기 위함이었다. 한국적 몸 문화 원형에 대한 고민과 '글로컬'의 관점에서 우리의 무예가 세계인이 함께 즐기는 건강과 양생의 가치까지 품을 수 있겠다는 믿음 하나로 여기까지 왔다.

그래서 나는 인문학자이기 이전에 흰 머리카락을 휘날릴 때까지 멋지게 한 칼 제대로 쓸 줄 아는 검객이고 싶다. 그러나 '문무겸전'의 삶은 여전히 풀기 어려운 숙제다. 하지만 선학들의 훌륭한 연구 결과물들이 없었다면 시작조차도 못했을 것이다.

스승이신 민족도장 경당의 임동규 선생님의 가르침으로 그 모든 것을 시작할 수 있었기에 한없는 감사를 드린다. 그리고 이 글이 완성될 때까지 애정 어린 눈길로 지켜봐주신 김우영 선생님과 김준혁 교수님을 비롯한 화성연구회 회원들에게 감사의 마음을 전한다. 또한 이 책을 상재하기 전에 연재 지면을 할애해주신 『수원일보』 김갑동 대표이사님께도 감사를 드린다.

늘 무예에만 미쳐 가족에게 쏟을 애정까지 가끔은 잊고 지냈기에 부덕한 가장일지도 모르겠다. 그렇지만 『무예도보통지』와의 진실한 만남처럼 마음 따스한 사람을 만나 가정을 이루고 예쁜 딸, 아들이 지켜봐주고 있기에 좀더 힘을 내 이 길을 걷는다. 마지막으로 '무예 24기'를 익히기 위해 땀 흘리는 여러 동지들, 수련생들에게 '수련은 배신하지 않는다!'라는 말을 전하며 글을 마친다.

내 인생 최고의 축복, 아내 바람돌이 혜원,
예쁜 딸 탱그리 윤서, 귀여운 아들 콩콩이 기환에게 보내는 아빠의 열네 번째 선물!

2023년 4월
수원화성 장용외영의 뒤뜰
한국전통무예연구소에서

1장	정조의 정치 읽기

2장	『무예도보통지』를 만든 사람들

3장	『무예도보통지』 속 무예 이야기

1장

정조의 정치 읽기

정치적 비전을 제시하다

정조가 왕위에 올라 처음으로 던진 말은, 너무나도 잘 알려진 "과인은 사도세자의 아들이다"라고 시작하는 파격적인 일성—聲이었다. 그래서인지 각종 드라마나 영화를 비롯한 대중매체에서는 호기심을 자극하는 극적인 전개를 위해 이를 적극 활용했다. 끊임없이 이어지던 정적들과의 싸움을 이겨내고 국왕이 된 정조의 일성이 마치 거대한 투쟁의 예고편을 암시하는 것처럼 말이다.

그러나 이보다 더 중요한 정조의 목소리가 있다. 바로 정사를 살피는 정전의 옥좌에 올라 신하들과 처음으로 대화를 나누었던 조참에서 풀어낸 말이다. 그 자리에서 정조는 민산民産, 인재人材, 융정戎政, 재용財用이라는 4가지 정치개혁을 공표하고 하나하나 예를 들어가며 그 이유를 설명했다. 그리고 1778년(정조 2) 6월에 대고를 선포했는데, 이것이 이른바 「경장대고更張大誥」다.

먼저, '민산'은 백성의 삶을 풍요롭게 하라는 뜻이다. 정조는 농사를 짓는 농부, 물건을 만들어 파는 상공인, 물고기를 잡는 어부를 비롯한 조선의 모든 백성의 예를 하나씩 들어가며 그들을 살피고자 했다. 그리고 그들의 삶이 풍요로워지려면 가장 먼저 부정부패를 끊어내고 탐관오리들을 색출해야 한다고 생각했다. 농부들에게 아무리 비옥한 토지가 있다한들 과도한 세금을 징수하면 누가 농사를 지으려 하겠으며, 국방의 의무를 젖먹이 아이에게까지 적용한다면 누가 나라를 지키겠느냐며 부정부패 척결을 최우선 과제로 삼았다.

그다음으로, '인재'는 교육을 통해 좋은 사람을 키우려는 의지의 표명이었다. 정조는 인재를 뽑는 것에 그치는 것이 아니라, 좋은 인재를 잘 키울 수 있는 교육 환경을 개선하는 것이 강한 조선을 만드는 지름길이라고 역설했다. 오로지 과거 시험에 목매단 채 경전에만 파묻힌 고리타분한 관료들로 꽉찬 조정을 비판하며 덕과 예를 겸비한 인재를 육성할 수 있는 제도를 마련해야 한다고 말했다. 또한 지금까지의 인재 등용 방식은 한쪽에 치우쳐져 있어 국정을 제대로 운영하기 어려울 정도이므로 한시바삐 인재를 키워야 한다고 설파했다.

세 번째, '융정'은 전쟁에서 이길 수 있도록 국방력을 증진하겠다는 개혁 의지의 소산이었다. 정조는 임진왜란과 병자호란 이후 많은 군영을 두고 수많은 병서를 간행했지만, 정작 전투에 능한 장수와 군대가 없다는 사실을 걱정했다. 심지어 군영은 정치적 이권과 맞물려 그저 제 살길만을 찾아 무리 지어 움직이는 가병家兵의 수준이며, 명령체계 또한 중구난방임을 지적했다. 따라서 백성들을 제대로 보살펴 건강한 군사를 선발하고 양질의 목초지를 조성해 좋은 전투마를 확보하며 기본 전술 전개 능력을 키울 수 있는 군사훈련의 실시 등 기초적인 것부터 다시 준비해야 한다고 강조했다.

마지막으로, '재용'은 국가의 재정 상태를 건전하게 운용하겠다는 뜻이었다. 정조는 거두어들인 세금이 정치적인 이해관계 때문에 낭비되는 것을 염려했다. 특히 쓸모없는 관원과 군사 들에게 항시적으로 쏟아붓는 세금이 전체의 8할이 넘는다는 것을 지적했다. 그리고 이로 인해 구멍 난 국가재정을 메우기 위해 백성들에게 각종 세금을 또다시 징수하는 일을 심각하게 우려했다. 백성들의 살림살이가 곧 국가의 경제

력과 직결되는 부분임에도 위로는 권문세족들과 아래로는
아전들에 이르기까지 일관성 없는 경제정책은 국가적 위기
를 초래할 뿐임을 다시 한번 주지했다.

정조는 이 4가지의 문제를 해결하지 못한다면 임금이 존
경받지 못하고, 언론이 막혀 바른말이 들리지 않아 소통하지
못하고, 반역을 꾀하는 무리들이 나온다고 했다.

끝으로 오늘날의 대한민국 정치 현실에도 꼭 필요한 정조
가 신하들에게 던진 최고의 해결책을 그대로 인용해본다. 그
때도 정치는 밥이요, 나라는 곧 백성이었다.

근본을 굳건히 하는 것은 백성에게 있다. 백성을 기르는 것은 먹
을 것에 달려 있는데, 먹을 것이 풍족하다면 가르칠 수 있다. 그렇
게 되면 반드시 백성들이 스스로 경계하고 보호하여 나라를 도와
주고 보탬이 되어줄 것이다. 이것이 나라를 보호하는 큰 근본이다.

— 『비변사등록』 159책, 1778년(정조 2)

'통'의 정신

정조는 재위에 있는 동안 실용주의 정신에 입각해 쉼 없는 개혁 작업을 진행함으로써 조선을 명실상부 부국강병한 나라로 만들어놓았다. 특히 즉위 초반에 발표한 「경장대고」의 핵심인 민산, 인재, 융정, 재용 같은 4대 개혁 과제는 그의 정치 행보에 커다란 영향을 끼쳤다. 정조는 백성이 풍요롭게 살 수 있는 환경을 만들고(민산), 능력 있는 인재를 키워 나라를 살찌우고(인재), 군사제도를 강화해 국방력을 키우고(융정), 재물의 씀씀이를 분명히 해 국가재정을 튼튼하게 한다(재용)는 정치적 이상향을 실천하고자 했다.

4대 개혁 과제 가운데 융정, 즉 군사에 관한 부분은 가장 시급하고도 중요한 문제였다. 아버지인 사도세자는 뒤주에 갇혀 죽었고, 자신은 온갖 고생 끝에 왕위에 올랐으나 반대파들로부터 끊임없는 신변의 위협을 느꼈기 때문이다. 이러한 정국을 가장 쉽고 빠르게 타개할 수 있는 방법이 바로 군사제도 개혁을 통한 군권의 완전한 장악이었다.

정조는 개혁의 의지를 법제 정비 사업인 『대전통편大典通編』의 편찬을 통해 가시화했다. 법률 정비가 어째서 개혁의 일환인지 의문을 제기할지도 모르겠다. 그러나 개헌을 통해 정부의 형태와 권력구조가 재편된 우리나라의 현대사를 떠올려보면, 조선시대의 법제 정비 또한 그 자체만으로도 엄청난 개혁 의지가 있어야만 가능한 일이었다.

성종 대 완성된 『경국대전經國大典』은 200년이 넘는 세월 동안 유지되다가 영조 대에 『속대전續大典』으로 보완되었다. 그리고 얼마 안 있어 정조가 『대전통편』으로 이를 통합·간행했다. 이는 개혁의 가속도를 붙이기 위한 그의 치밀한 구상의 발로였다. 이전의 법전과 비교했을 때, 『대전통편』에서 가장 달라진 부분은 『육전六典』 중 「병전兵典」이었다. 그전에는 백성들과 관리들을 통제하기 위해 형벌을 논한 「형전刑典」을 중심으로 법제를 정비했다. 그러니 이를 통해 정조의 군사제도 개혁 의지를 다시금 확인할 수 있다. 그리고 정조는 이 수정된 법전 이름에 '통通'이라는 글자를 과감히 집어넣었다.

조선시대에 '통'이라고 하면, 과거시험에서 점수를 매길 때 모든 것을 완벽하게 이해하고 서로 막힘없이 소통할 수 있는 상태라 해 최고 등급이었다. 지금으로 치면 100점인 것이다. 다시 말해 정조는 군사제도 정비를 통해 왕을 정점으로 서로 다른 계급과 소통하며 새로운 조선을 건설하고자 했다.

'통'에 관한 정조의 군사 개혁 의지는 다음의 사례를 통해서도 확인할 수 있다. 정조는 군사들이 진법 훈련을 할 때 활용하는 병서인 『병학통兵學通』의 이름을 직접 내려주기도 했고, 장용영 군사들이 무예 수련 시 늘 옆에 끼고 읽었던 무예 24기가 담긴 『무예도보통지武藝圖譜通志』에도 '통'이라는 글자를 집어넣도록 했다.

'통'한다는 것, 그것에 반드시 필요한 것은 조화로움이다. 군사들이 전투할 때 어떠한 흔들림도 없이 대열을 유지하고 진법을 펼치며 각종 무기를 활용한 무예들을 조화롭게 선보임으로써 그 전투는 승리하게 되고 나아가 국방은 더욱 튼튼해져 국왕과 백성이 모두 하나 된 조선이라는 국가로 새롭게 나아갈 수 있다는 것이다.

이후 정조는 1791년(정조 15)에 우리나라의 전통 음악을

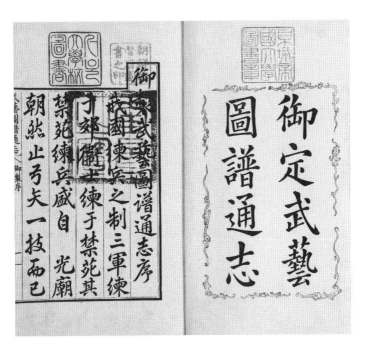

『무예도보통지』의 표지와 서문 일부(수원시박물관사업소 소장)
'통'이라는 글자에는 소통에 대한 정조의 정치철학이 담겨 있다.

부흥하려고 기존의 모든 음악이론들을 모아 『악통樂通』이라는 음악서의 편찬을 주도하기까지 했다.

이러한 '통'이라는 글자를 앞서 언급한 「경장대고」의 4대 개혁에 대입하면, 백성의 삶의 질을 통하게 하고, 좋은 인재를 사회발전에 통하게 하고, 튼튼한 국방력을 통하게 하고, 풍요로운 재정 상태로 통하게 하는 것이 바로 정조가 꿈꾼 18세기 조선의 비전 창출이었다.

'통'에는 그저 통일화한다는 의미만 담겨 있는 것이 아니다. 그 말에는 소통의 마음도 들어 있다. 허준이 쓴 의학서 『동의보감東醫寶鑑』을 보면, '통즉불통通卽不痛이요, 불통즉통不通卽痛이다'라고 했다. 즉 통하면 아프지 아니하고, 통하지 않으면 아픈 것이다. 가는 모세혈관부터 굵은 척추까지 그리고 뇌까지 잘 소통해야 건강하다. 이는 개인의 몸은 물론이고 국가라는 거대 조직도 마찬가지다. 평범한 시민부터 국회의원이나 대통령까지 잘 소통해야 나라가 건강해진다. 정조의 '삼통'에는 그런 조화로운 소통의 철학이 담겨 있다.

"당신은 지금 '통'하셨습니까?"

수원화성과 위민 정신

200여 년 전 조선의 개혁 군주 정조의 꿈과 희망은 수원화성 건설을 통해서 현실화되었다. 그리고 그 꿈의 핵심에는 '위민 정신'이 강하게 자리 잡고 있었다. 그런데 이 위민 정신에는 인문학의 근원이 담겨 있다.

인문학은 말 그대로 '사람人'과 그 사람들이 만드는 '문화文'에 대해서 연구하는 학문이다. 그래서 어떤 사람은 '사람다움을 연구하는 학문'이라고 표현하기도 한다. 그런데 사람다움을 연구하는 것은 사람을 사람으로 인식하고 배려하는 '사람을 위하는' 것이 매우 중요한 요소다. 그렇기 때문에 인문학은 사람을 향해서 다가가는 학문, 즉 사람을 위하는 학문이다. 다시 말해 정조의 화성 건설에 인문학의 핵심이 담겨 있다고 한 것이다.

'반상제'라는 엄격한 사회계급 질서가 강력하게 작동한 조선시대에 백성을 위한다는 말은 어쩌면 이상적인 가치 추구일 뿐 현실성 없는 명분론에 지나지 않을 수도 있다. 당시 보편적인 위정자들에게 '백성'은 그저 자신들의 계급적 이익을 관철하기 위한 교화 대상일 뿐, 자신들과는 다른 존재로 여겼기 때문이다. 그래서 성곽 공사를 비롯한 대규모 토목공사에서도 백성은 몸뚱이로 세금을 대체하는 신역身役의 도구였으므로 그들의 수고로움에 대해 아무런 보상을 해주지 않았다.

그러나 정조가 야심 차게 진행했던 수원화성 공사는 건설 과정에서 백성을 백성답게 생각하는 그의 마음이 깊이 드러났다. 공사를 시작했던 1794년(정조 18) 여름은 무더위와 가뭄이 극심해서 백성들의 삶은 더없이 피폐해진 상태였다. 만약 다른 시대의 성역 공사였다면 그 모든 수고로움은 백성들만이 감내해야 했을 것이다.

하지만 정조는 친히 척서단과 제중단 등 더위를 이길 수 있는 힘을 보태는 환약을 내려보냈고, 대신들의 만류에도 공사를 잠시 중단시키는 아량을 발휘했다. 1794년 음력 7월,

폭염이 맹위를 떨쳤다. 그해 2월 28일 오전 7시부터 팔달문과 장안문의 터 닦기를 시작으로 화성 성역 공사를 위한 주춧돌을 세워놓았는데 여름으로 들어서자 폭염 앞에서 백성들이 연일 쓰러졌다.

정조의 마음은 솔직히 급했다. 폭염 속에서 목마름과 굶주림으로 세상을 떠난 아버지의 묘를 수원으로 옮기고 화성을 쌓아 그곳을 중심으로 새로운 개혁 정치를 실행하고자 했기에 화성 건설은 그 무엇보다 절박한 사안이었다. 궁궐에 자신을 암살하기 위한 자객들이 판치고, 반대파인 노론이 화성 건설에 대해 목구멍까지 치밀어 오르는 불만을 연일 쏟아냈으니 정조의 초초함도 폭염처럼 날로 커졌으리라.

그러나 그해 7월 폭염이 기승을 부리던 그때, 정조는 자신의 정치적 승부수를 던진 화성 건설의 핵심 공정에 중지 명령을 내렸다. 성을 쌓는 데 반드시 필요한 돌을 떼어내는 작업과 기와를 굽는 일을 멈추라고 지시했다. 백성들이 무더위 속에서 작업해야 했기 때문이었다. 만백성의 어버이로서 백성들을 친자식처럼 생각했기 때문에 내린 결정이었다.

이집트의 피라미드나 중국의 만리장성 모두 그 크기만 보더라도 엄청난 위용에 압도당한다. 그러나 그 건축물들에는 백성들의 피가 묻어 있다. 심지어 작업 중에 목숨을 잃은 사람들을 깊게 파묻은 뒤 그 위로 계속해서 성을 쌓아나갔다. 지배자들의 희망이 깃들었을지언정 백성들의 지독한 절망이 담겨 있다.

그러나 조선의 백성들은 정조의 파격적인 결정 덕분에 무더위 속에서 작업하지 않아도 되었다. 게다가 정조는 탕약을 내려 더위에 지친 백성들을 달랬다. 정조는 이 약을 내리며 '막걸리를 던지다'라는 뜻의 '투료投醪'라고 이름 붙였다. 투료는 구천투료句踐投醪에서 유래한 말로, 월나라의 왕 구천이 선물로 받은 술 한 동이를 흐르는 냇물에 부어 군사들과 함께 나누어 마셨고 이에 크게 감동한 병사들의 사기가 진작되어 전쟁에서 승리를 거머쥘 수 있었다고 한다. 이 얼마나 멋진 나눔의 철학인가!

그리고 그날 정조는 "화성을 건설하는 사업은 일마다 백성들의 마음을 기쁘게 하고 백성들의 힘을 펴게 하는 데 힘써야 한다"라며 명문을 남겼다. 그렇게 해야 자신이 그토록 바라던 튼튼한 화성 건설이 진정으로 가치가 있다는 것을 천명한 것이다. 당대 천문학적 비용이 소요된 국책 핵심 사업인 화성 건설은 백성의 기쁨 속에서 완성되었고, 백성의 삶과 함께하는 방식으로 유지되었다. 이뿐만이 아니라 공사가 마무리된 후에도 화성의 경제를 실질적으로 뒷받침해주었던 주

변의 만석거와 대유둔 공사에서도 백성에 대한 배려는 지속
되었다.

수원화성을 쌓는 데 동원된 백성들은 신역을 치른 것이
아니라 노동에 대한 정당한 임금을 지급받았다. 이는 백성을
진실로 위하는 정조의 마음이 없었다면 불가능한 일이었다.
그러한 정조의 위민 정신 덕분에 10년이 걸릴 것이라고 생각
했던 공사 기간을 2년 반으로 단축할 수 있었다.

정조는 수원화성이 완성되자 가장 먼저 이런 말을 했다.
"화성이 완성되었으므로 지금 제일 급한 것은 '집집마다 부
유하게 하고 사람마다 화락하게 하는 것[호호부실戶戶富實 인인
화락人人和樂]'의 여덟 글자다." 이는 수원화성이 군사적 용도
인 성곽의 개념을 넘어 그 안과 밖에 사는 '사람'이 부유하고
행복하게 살 수 있도록 하는 것이 가장 먼저 풀어야 할 숙제
라고 생각했기 때문이다. 제아무리 튼튼하고 강한 성곽을 쌓
아도 그곳을 지키는 군사들과 그 안에 사는 백성들의 삶이 풍
요롭지 않다면 모든 것이 무용지물이라는 사실을 정조는 너
무나도 잘 알았다. 또한 힘으로 강제하는 것이 아니라, 군사
들과 백성들이 자발적으로 화성을 사랑하고 지키려는 마음
이 생길 때 비로소 수원에 화성을 쌓은 자신의 뜻을 모두가
함께 공유할 수 있으리라고 여겼다.

화성 성역 공사를 중지시키는 윤음(수원시박물관사업소 소장)
윤음은 오늘날의 법령과 같은 힘을 지닌 것으로, 이 윤음을 통해 백성을 아끼던 정조의 마음을 읽을 수 있다.

수원화성이 건설된 지 200여 년이 흐른 지금 굽이굽이 허리 긴 성벽을 따라 걷다보면 백성들을 위하던 정조의 마음이 더 깊이 아로새겨진다. 거대한 성돌 하나하나에 백성의 눈물이 아니라 백성의 희망을 담았기에 그 가치는 더욱 존귀할지도 모른다. 그래서인지 인간의 가치가 돈으로 환산되고, 사람냄새가 아니라 자본의 악취로 뒤덮이는 현실에서 수원화성을 걷는 것만으로도 많은 위안이 된다.

조선 최초의 계획도시,
수원화성

수원화성의 영문명은 'World Heritage Hwaseong Fortress'다. 그 이름처럼 수원화성은 공격과 방어에 유용하게 활용할 수 있는 화성이라는 '성곽'을 중심으로 세계문화유산에 지정되었다. 그러나 수원화성의 진정한 가치는 돌로 둘러싼 성곽에 있는 것이 아니라 조선 최초의 '계획도시'라는 부분에 방점을 두어야 한다.

수원화성 건설을 명령한 정조는 사도세자의 묘소를 수원 화산花山으로 이장하고 신읍치를 현재의 수원화성이 건설된 곳으로 옮겼다. 그리고 이를 행정적으로 원활하게 처리하기 위해 이조, 병조, 공조의 판서와 강원도관찰사 등을 역임하며 당시 명판관으로 불렸던 서유방을 경기관찰사로, 삼도수군통제사와 좌포도대장, 총융사 등을 역임한 걸출한 무인인 조심태를 수원부사로 임명했다.

또한 경기도 광주 땅이었던 일용면과 송동면 지역을 수원으로 이속해 수원이 관할하는 평야 지역을 확대해나갔다. 이를 통해 '화성'이라는 성곽을 중심으로 주변 지역을 안정적으로 개발해 한양을 대체할 만한 신도시로 조성하고자 했다.

1789년(정조 13) 정조는 신읍치 조성 공사가 끝나고 백성들이 서서히 안정을 취해갈 때 팔달산 동쪽 기슭에 화성행궁을 건설해 계획도시의 중심축으로 삼았다. 화성행궁의 편액들에서 알 수 있듯, 정조는 수원을 제2의 고향이자(신풍루新豊樓) 상왕으로 물러난 후 노년을 보내며(노래당老來堂, 미로한정未老閒亭) 아들인 순조를 위한 새로운 정국 구상을 할 수 있는 공간으로 인식했다. 그래서 여타의 행궁보다 몇 배나 큰 규모인 576칸으로 건설했다.

이후 수원화성을 쌓기 전인 1793년(정조 17) 1월 12일에 수원부를 화성유수부로 승격하고, 당시 명재상이자 충신이라 알려진 채제공을 초대 유수로 임명했다. 채제공은 좌의정을 역임했을 만큼 행정의 달인으로 손꼽히는 사람이었다. 수원화성 축성을 책임진 채제공은 1794년 1월부터 1796년(정조 20) 9월까지 화성행궁을 품는 형태로 둘레 5.7킬로미터에 달하는 거대한 성곽을 2년 반 만에 쌓아 올렸다.

그리고 지금도 수원화성을 관통하는 핵심 도로로 활용하는 장안문과 팔달문을 잇는 남북대로와 화성행궁과 창룡문이 이어지는 큰길인 십자로를 넓게 조성해 물류가 원활하게 유통될 수 있도록 했다. 또 십자로를 중심으로 한양의 시전처럼 중심 상권을 좌우로 길게 배치하고 그 뒤로는 민가를 만들어 백성들이 다양한 상업 활동에 종사할 수 있도록 길목을 뚫었다.

수원화성이 완공된 후에는 성안과 성 밖으로 주민들을 구분해 두 개의 구역으로 관리했다. 그 두 개의 구역인 '부部'는 다시 '동성자내東城字內', '서성자내西城字內', '남성자내南城字內', '북성자내北城字內'로 균등하게 나누어 신도시 개발의 기본 구상을 적용했다.

따라서 수원화성은 단순히 성곽 자체에만 의미 있는 것이 아니라, 현재의 화성을 둘러싸고 있는 상당히 넓은 지역이 모두 정조의 개혁 정치를 수행하고자 했던 신도시 개발의 프로젝트 일환으로 조성된 공간이라고 할 수 있다. 대표적으로 화성의 서쪽 밖에는 서둔이라는 둔전과 북쪽에도 만석거를 중

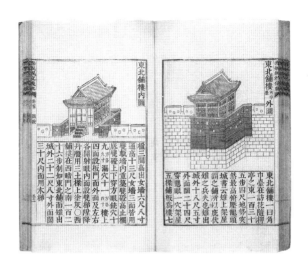

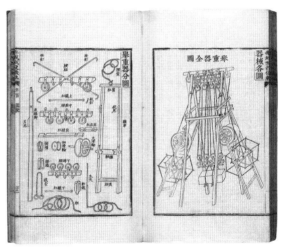

수원화성 성역 공사의 정수, 『화성성역의궤』(국립중앙박물관 소장)
수원화성 성역 공사는 현재의 화폐 가치로 약 600억 원이 들어간 대공사였으며, 공사의 전 과정은 『화성성역의궤』에 자세하게 기록되어 있다. 일제강점기와 한국전쟁을 거치면서 수원화성의 상당 부분이 파괴되었음에도 원형에 가깝게 복원할 수 있었던 것은 『화성성역의궤』의 방대하고도 정밀한 기록 덕분이었다.

심으로 둔전이 경작되었기에 화성 주변의 다양한 시설물과
삶터는 화성을 더욱 가치 있게 만들었다.

수원화성을 한눈에 조감할 수 있는 〈화성전도〉(국립중앙박물관 소장)
성안과 성 밖의 모습을 충실히 담고 있다. 다만 수원화성의 서쪽에 위치한 팔달산
을 북쪽 중앙에 두고 그 아래 위치한 화성행궁을 남면에 배치해 고을의 좌향이 남

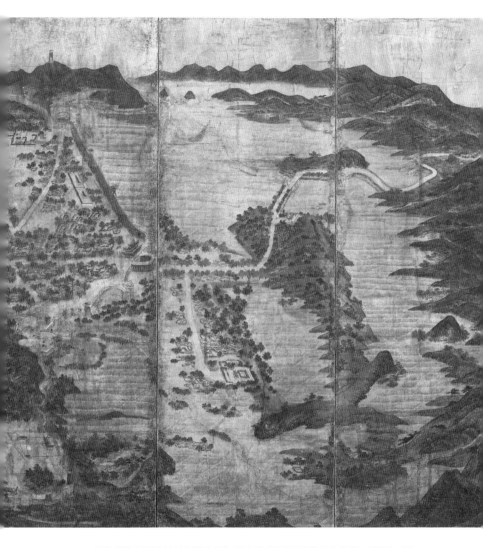

쪽을 향한 것처럼 보이게 했다. 이는 풍수지리에서 주산을 중요시하는 전통적 지리관과 왕을 중심으로 생각하는 공간구조 방식이 반영된 것이라고 할 수 있다.

실용 정신에 입각한
수원화성

수원화성을 쌓는 일은 단순히 군사상의 전략적 관방關防 차원이 아니었다. 그것은 한양에 집중된 권력의 분산과도 맞닿아 있었다. 지금도 전체 인구수의 4분의 1에 가까운 사람들이 서울에 바글바글 살고 있지만, 조선 후기에도 상황은 별반 다르지 않았다. 그 당시에도 많은 사람이 도성으로 점점 더 몰려드는 바람에 성 밖까지 백성들의 주거지가 점차 확대되었다.

　　사람은 자본을 쫓아다닌다. 그러니 자본이 축적되고, 인구가 많은 곳으로 정치권력은 자연스레 집중될 수밖에 없다. 그 결과 영국의 사학자 액턴 경Sir John Acton이 말한 것처럼, "권력은 부패하는 경향이 있고, 절대 권력은 절대 부패한다." 제아무리 법과 제도로 통제한다고 할지라도 그 한계는 명확하다. 부패한 권력은 더 많은 자본을 요구하고, 더 악독한 부패로 직결된다. 그리고 그로 인한 고통은 고스란히 백성들이 지게 된다.

따라서 권력을 분산하려면 '공간의 재구성'이 반드시 필요하다. 정조는 한양을 중심으로 한 기득권을 해체하기 위해 수원에 화성을 쌓아 새로운 상업도시를 표방하는 공간을 창조해냈다. 오늘날 수도권에 집중된 공공기관들을 세종이나 전주를 비롯한 전국 각지로 이전하는 것도 그러한 이유에서다.

정조는 자신의 정치적 이상을 실현할 수 있는 수원화성을 사랑했다. 그래서 수원에서 치른 과거시험 시제에 '나는 본부(수원)를 마치 팔다리처럼 소중히 여긴다'고 글제로 내걸기도 했다. 그 사랑의 결과물들은 각종 국정 보고서의 일종인 의궤나 병법서를 통해 확인할 수 있다. 대표적으로 『화성성역의궤華城城役儀軌』, 『원행을묘정리의궤園幸乙卯整理儀軌』, 『무예도보통지』가 있다.

아버지 사도세자의 묘소를 양주 배봉산에서 수원 화산으로 이장하고 그곳을 보호한다는 명분으로 세운 수원화성은 효심을 담은 지킴의 상징체였다. 그런 섬세한 지킴의 마음을 담은 것이 『화성성역의궤』다. 수원화성을 이루는 모든 건축물은 물론이고 성돌 하나하나까지도 섬세하게 그려놓았다. 거기에 사용했던 도구들까지 일목요연하게 정리했다. 수원화성이 일제강점기와 한국전쟁을 거치며 상당 부분 파괴되었음에도 원형에 가깝게 복원할 수 있었던 것은 바로 『화성성역의궤』라는 당대 최고의 공사 보고서가 있었기 때문이다.

아버지를 기리고 백성들을 지키기 위해 정조가 직접 말을 타고 수원화성을 향했던 8일간의 화성 행차 장면이 『원행을묘정리의궤』에 담겨 있다. 먼저 돌아가신 아버지와 동갑이신 어머니 혜경궁 홍씨의 환갑잔치를 위한 특별한 여정을 펼쳐놓은 것이다. 꼬리에 꼬리를 물고 이어진 수천 명의 군사들과 수원화성에서 진행했던 야간 군사훈련 모습까지도 섬세한 필치로 그려냈다. 게다가 정조 시대 왕실의 음식 문화나 복식 문화를 고스란히 보여주고 있어 중요한 사료로 평가받는다.

마지막으로 수원화성을 지켰던 장용영을 중심으로 조선의 무예를 통일화해놓은 책이 『무예도보통지』다. 『무예도보통지』는 중국 쌍수도나 일본 왜검을 비롯해 몽골, 북방 기마민족과 연결된 다양한 마상 무예들이 조선 무예와 융화되는 과정을 살필 수 있다. 이를 통해 당대 군사 무예의 변용 양상이나 신체문화까지도 엿볼 수 있어 귀중한 사료로 인정받는다.

이 세 책이 모두 유네스코 세계기록유산에 등재되었다는 사실도 중요하지만, 이 기록물들을 관통하는 '실용' 정신에 주목해야 한다. 당시 시대정신인 실용 정신을 『무예도보통지』「병기총서兵技總敍」는 다음과 같이 좀더 명확하게 설명하고 있다.

조정에서는 실용적인 정책을 풀어내고, 백성들은 실용적인 생업을 지키고, 문학인들은 실용적인 서적을 펴내고, 군사들은 실용적인 무예를 익히고, 상업인들은 실용적인 재화를 유통하고, 공인들은 실용적인 기계를 만든즉, 나라를 지키는 데 무슨 근심이 있을 것이며, 백성을 보호하는 데 무슨 환난이 있겠습니까!

만약에 반대로, 정사를 살피는 정치인들이 자파의 이익만을 위해 거짓된 정책을 펼치면 나라는 망한다. 경제의 기본 바탕인 백성들이 헛된 망상을 꿈꾸며 흥청망청하면 가족과 마을 공동체가 망한다. 학문의 중심축인 문학인들이 글쓰기를 게을리하고 해괴한 이론만 들먹거리면 학문의 세계는 저문다. 국방의 기초인 군사들이 제 몸 훈련하는 것을 두려워하고 무기를 날카롭게 벼르지 않는다면 전쟁의 위험에 노출된다. 물류를 유통하는 상업인들이 이익에 눈이 멀어 독과점체제를 형성하면 건강한 경제 시스템이 무너진다. 마지막으로 산업 활동의 기둥인 공업인들이 불량한 기계를 만들거나 기계의 점검과 보수를 소홀히 하면 기계는 멈춘다.

그렇게 되면 몇몇 소수의 기득권층만 부와 명예를 독점해 나라를 지키는 것 자체가 의미 없는 일이 되고, 백성들을 보호할 수 있는 최소한의 사회적 안전망도 사라지는 세상이 될 것이다. 이는 좌파와 우파를 가리지 않고 '무엇을 중심에 두고 살아가야 하는지'에 대한 본질에 대한 부분이다.

한편『무예도보통지』에 '용用'이라는 글자와 함께 가장 자주 등장하는 글자가 있다. 바로 '금今'이다. 그러니 '지금' 우리에게 반드시 '쓸모' 있는 것이 무엇인가?라는 질문에 대한 답이 '실용實用'인 것이다. 그리고 '지금'은 '미래'로 나아가는 출발점이다. 흔히 '실학'이라는 이름으로 '실사구시實事求是'를 논하면서도 종종 헛된 이론의 세계로 빠져든다. 오로지 미래의 후세들을 위해 지금 우리가 가장 먼저 해야 할 일이 무엇인지를 고민하는 것이 진정한 실용 정신인 것이다. 따라서 지금은 조금 고통스럽고 힘겹더라도 자신의 입이 아니라, 후세를 위해 땀 한 방울 더 흘려야 하는 것이 오늘을 살고 있는 우리의 역할일 것이다.

수원화성과 버드나무

수원화성에 가보면 눈에 띄는 나무가 있는데 바로 버드나무다. 『일성록日省綠』에 따르면 능행차를 해서 수원에 도착한 정조는 현륭원에 나아가 직접 제사 지낸 뒤 화성 성곽의 기초공사가 진행 중인 북쪽 부근을 거닐면서 채제공에게 다음과 같이 말했다.

원소園所는 화산이고 이 고을은 유천柳川이다. 화인華人이 성인을 위해 축원한 뜻을 취하여 이 성을 '화성'이라고 이름 지었는데, 화華와 화花의 글자 음이 서로 통한다. 화산은 대개 800개의 봉우리가 이 한 산을 둘러싼 채 보호하는 것이 꽃송이와 같다고 해서 붙인 것이다. 그렇다면 유천성의 형상을 남북이 조금 길게 만든다면 그 또한 버들잎과 같은 뜻이 될 것이다.

— 『일성록』, 1792년(정조 16)

정조가 한 말에서 '유천柳川'이라는 단어가 눈에 들어온다. 그의 말처럼 화성을 처음에는 '유천성'이라 했다. 화성을 관통하는 시내를 지금은 수원천이라고 부르지만, 그때는 버드내라는 의미에서 유천이라고 불렀다. 그래서 화성의 공사 계획을 준비하던 정약용도 유천성이라는 이름을 종종 사용했다.

버드나무는 수원화성이 완공된 후에도 지속적으로 화성 이곳저곳에 심어졌다. 사료를 살펴보면, 정조는 수원 인근의 안성이나 양성에서 버드나무 묘목을 구해와 화성에 가득히 심을 것을 명령하기도 했다. 심지어 팔달산에서 내려와 화성 행궁의 둘레를 굽이돌았던 명당수 주변에도 버드나무를 가득 심도록 했다. 그렇다면 정조는 왜 수많은 나무 중에서 버드나무에 관심을 둔 것일까?

우선, 습기에 강했기 때문이다. 매년 홍수 때마다 수원천이 범람을 해서 주변의 제방들이 쉽게 무너져 내렸다. 그래서 제방을 보호하기 위해 버드나무를 집중적으로 심어 하천의 유실을 막아냈다. 특히 버드나무는 줄기만을 잘라 물에 던져 놓아도 뿌리가 생성될 정도로 생명력이 강하다. 따라서 새로 건설한 화성의 이곳저곳에 버드나무를 식재해 땅이 버드나무의 뿌리로 단단하게 고정되게 했다.

두 번째는 관방, 즉 군사상의 목적 때문이었다. 버드나무는 생장이 빠르며 줄기가 길게 뻗는 것이 특징이다. 그래서 조선시대에는 핵심 방어진지 주변에 장애물이 될 수 있는 버드나무 군락을 조성해 청나라 기병을 방어하고자 했다. 실제로 『비변사등록備邊司謄錄』에 의하면 1678년(숙종 4) 훈련대장을 비롯해 핵심 군영의 대장직을 맡았던 유혁연이 평안도 국방의 비책으로 버드나무와 느릅나무를 심을 것을 건의한 바 있다.

세 번째는 관광을 위해서였다. 정조 대부터 수원팔경의 하나로 알려진 '남제장류南提長柳'의 핵심은 버드나무였다. 화성의 북쪽 수문인 화홍문에서 화산릉 앞까지 이르는 수원천의 긴 제방인 남제南提 양편에 늘어서 있는 휘늘어진 수양버들이 그림과 같은 절경이라고 붙여진 이름이었다. 또한 방화수류정 아래 용연龍淵 주변의 버드나무는 지금도 화성 관광의 백미라고 불릴 정도로 아름다운 곳이다.

『뎡니의궤整理儀軌』에 실린 방화수류정(동북각루)의 모습
방화수류정은 수원화성 동북각루의 별칭이다. 송나라 시인 정명도의 시구인 '운담
풍경근오천雲淡風輕近午天, 방화수류과전천訪花隨柳過前川'에서 따왔다고 한다. '꽃
을 찾고 버드나무를 따라 노닌다'라는 글귀처럼 버드나무가 아름다운 곳이다.

마지막으로 의료적 목적 때문이었다. 버드나무의 꽃은 유화柳花 또는 유서柳絮, 가지는 유지柳枝, 잎은 유엽柳葉이라고 부르는데, 한방에서 진통제와 해열제로 쓰인다.

이렇게 버드나무는 단순히 경관상의 아름다움뿐만 아니라 관방의 이로움과 농업에도 도움을 줄 수 있는 실용적인 나무였기에 정조가 새롭게 구상한 신도시이자 핵심 방어 시설인 화성과 궁합이 가장 잘 맞았다.

현재 방화수류정 바깥의 용연을 제외하고는 남지나 북지, 동지 등 화성의 여러 연못은 아직도 복원하지 못하고 있다. 하루빨리 이 연못들을 복원하고 그곳에 버드나무를 가득 심는다면 수원화성은 본래의 '유천성'으로 돌아갈 수 있을 것이다.

달의 리더십

17~18세기 유럽은 '절대왕정'이 꽃을 피웠던 시기다. 각 나라의 왕들은 '태양'을 자처하며 강력한 왕권을 행사했다. 그 반면에 동시대인 조선에서는 자신을 태양이 아닌 '달'이라 일컬으며 '만천명월주인옹萬川明月主人翁'이라 이름 붙이고 새로운 조선을 꿈꾼 군주가 있었으니, 그가 바로 정조다.

만천명월주인옹은 정조의 호다. 정조는 '홍재弘齋'라는 호를 주로 사용했지만, 어여삐 여긴 백성들과 조선을 뒤로한 채 세상을 떠나기 2년 전인 1798년(정조 22)에 '달 월' 자를 넣어 새롭게 호를 지었다. 이듬해 규장각에서 펴낸 정조의 문집인 『홍재전서弘齋全書』를 보면, 달에 대한 그의 생각을 엿볼 수 있다.

> 물이 흐르면 달도 함께 흐르고, 물이 머무르면 달도 함께 머무른
> 다. 물이 거슬러 올라가면 달도 함께 거슬러 올라가고, 물이 돌아
> 흐르면 달도 함께 돌아 흐른다. 그러나 그 물의 큰 근본은 모두 달
> 의 정기精氣다. 나는 물이 세상 사람들이라면 달이 비추어서 그 상
> 태를 드러내는 것은 사람들의 형상이고, 달은 태극이며 그 태극은
> 나 자신이라는 것을 알고 있다. 이것이 바로 옛사람이 만 개의 개
> 울을 밝게 비춘 달에 태극의 신비로운 작용을 비유하여 말한 것이
> 아니고 무엇이겠는가!
>
> — 『홍재전서』 권10, 서인3, 만천명월주인옹자서

그런데 조선의 국왕도 늘 태양과 같은 존재였다. 이는 가
끔 초절정 고수가 멋진 초식을 보이며 등장하는 무협지에서
말하는 '천상천하 유아독존' 개념과 비슷하다. 비록 조선 후
기에 신하들의 권력이 강했다고는 하지만, 국왕은 늘 태양과
같은 존재감을 갖고 있었다. 특히 임진왜란과 병자호란으로
약화되었던 국력이 숙종과 영조 시대를 거치면서 회복되었기
에 정조 대에는 이른바 강력한 개혁 드라이브를 걸 수 있었다.
문제는 정조 또한 '태양'을 자처해도 문제될 것이 전혀 없

는데, 유독 '달'에 집착을 보였다는 점이다. 왜일까? 『홍재전서』에 정조의 마음을 조금이나마 짐작해볼 수 있는 단서가 나와 있다.

어느 날 정조는 신하들과 유교 경전 중의 하나인 『서경書經』에 대해 심도 있는 경연을 진행했다. 이때 정조는 '덕德'과 '선善'에 대한 질문을 신하들에게 던졌다. 골치가 아플 것 같은 철학적 사유가 나름 멋들어지게 펼쳐졌다. 서로 주거니 받거니 하다가 마지막에 신하가 이런 말로 마무리를 지었다.

> 달이 시냇물에 비치는 것은 어느 곳에서나 똑같은 달빛입니다. 일事은 비록 만 가지로 변하지만 '하나의 근본一本'으로 돌아가는 것으로 볼 수 있습니다.
>
> ─ 『홍재전서』 권95, 경사강의33, 서경4

이 경연을 정조는 진정 감명 깊게 받아들인다. 이후 달에 대한 자신의 생각을 좀더 구체화해서 물이 세상 사람들이라면 큰 강이나 시냇물 혹은 작은 사발에 담긴 물의 형태가 곧 그들의 얼굴이고, 그곳에 하나씩 뜨는 달이 바로 국왕의 지극한 덕이고 선이라는 결론을 내렸다.

그래서 태양은 그 과분한 빛으로 인해 어느 누구도 쳐다

볼 수 없는 존재지만, 달은 누구라도 쳐다볼 수 있기에 수만 개의 물속에 뜬 달처럼 진실로 사람 하나하나와 소통하기를 바랐다. 바로 이 땅에 두 발을 딛고 숨을 쉬며 사는 '사람'들과 '함께' 국정을 운영하고, 그들과 함께하는 나라가 진정 '덕'과 '선'이 살아 있는 정의로운 조선의 미래라 여겼기 때문이다.

그러한 정조의 '달의 리더십'의 중심에 있던 것이 '사중지공私中之公'이었다. 정조는 공과 사의 관계를 깊이 있게 고뇌했다. 지금도 별반 다르지 않듯이 겉으로는 '애국'과 '공명'을 말하지만, 그 안에는 지극히 사리사욕적인 마음이 가득하다는 것을 정책 추진 과정에서 깨닫게 된 것이다.

정조는 사중지공에 대해 이렇게 말했다.

> 사심私心 안에 공심公心이 있으며 공심 안에 사심이 있으니, 사심 안의 공심은 외양은 비록 굽어도 내심은 용서할 만하며 공심 속 사심은 겉모습은 비록 곧아 보여도 속마음은 굽어 있다.
>
> — 『홍재전서』 권175, 일득록15

보통 음과 양을 구분할 때, 태양은 양이고, 달은 음이다. 또 공심은 양이고, 사심은 음이다. 태양 없이는 달도 존재할 수 없고, 공심과 사심은 서로 떨어질 수 없는 마음의 문제이

'만천명월주인옹' 현판이 걸린 창덕궁 존덕정

정조는 1799년(정조 23) 4월 춘당대에서 '만천명월주인옹'을 부제賦題로 해서 제술을 시험한 바 있고, 같은 해 10월에는 글씨를 잘 쓰는 신하에게 만천명월주인옹자서를 필사하게 한 뒤 전각의 여러 곳에 걸어두었는데 그중 하나가 지금의 창덕궁 존덕정이다. 정조는 달이 각기 그 형태에 따라 비추듯이, 각자의 기량에 맞게 사람들을 대하는 것이 군주의 자세라고 생각했다. 그래서 이러한 정치철학에 입각해 자신의 처소에 '만천명월주옹'을 써놓고 호로 삼았다.

기도 하다.

정조는 겉으로는 밝고 환한 미래를 이야기하며 만백성이 행복해질 수 있다고 했지만, 정작 정책을 추진하는 과정에서 수많은 사심이 작용해 궁극적인 가치에 도달하지 못할 수도 있음을 알게 되었다. 반대로 비록 사심으로 시작한 일이더라도 진정으로 공공의 이익에 부합한다면 사람들에게 더 이로울 수 있다는 것을 깨달았다.

수원에 화성을 건설한 일이나, 규장각과 장용영을 창설한 일이 대표적인 사례다. 어찌 보면 그러한 정책 추진의 흐름이 현실적인 관심을 가능하게 하기도 한다. 태양 빛의 강렬한 힘으로 억지로 정책을 추진하는 것이 아니라, 은은한 달빛이지만 만인의 마음속에서 오래도록 잔잔히 스며드는 그런 위민의 정치가 바로 정조가 추구했던 달의 리더십이다.

배움을 즐기다

정조는 타고난 학자였다. 수많은 정적 사이에서 신변의 위협
을 느끼며 평생을 살아야 했음에도 손에서 책을 놓지 않았다.
심지어 왕위에 오른 후 지나친 공부로 인해 건강을 해치는 일
들이 벌어지자 신하들이 말릴 정도였다. 그러나 그때마다 정
조는 공부를 하지 않으면 편안함이 느껴지지 않는다고 토로
했다. 공부는 정조에게 유일한 안식처였다. 물론 이 또한 그
의 발목을 잡고 있던 사도세자 문제를 뛰어넘기 위한 탈출구
였을지도 모르지만, 정조는 공부를 위한 공부를 넘어서 공부
의 생활화를 주장할 만큼 배움을 즐겼다.

상上이 조회를 파한 뒤에는 밤늦도록 책을 읽어 신하들이 건강을 해칠까 염려해 말을 올렸다. 이에 하교하기를, 예로부터 궁중에는 시간을 보낼 만한 일들이 꽤 있지만 나는 천성적으로 그런 것을 좋아하지 않는다. 그리고 환관이나 궁녀들은 부리기만 하면 되지, 그들과 수작하는 것이 무슨 의미가 있겠는가. 그러므로 때로 신하들을 불러다가 글 뜻을 토론하기도 하고 고금의 일을 헤아려보기도 하는데 심신에 유익하다. 나는 이러한 것을 매우 즐거운 일로 생각한다. 그렇지 않으면 조용히 앉아서 책을 보는데 그 맛이 매우 깊다. 때로 마음에 꼭 맞아서 흔연히 자득함이 있는 듯하여 해가 저물었는지 밤이 깊었는지를 모르기도 한다. 옛사람이 이른바 '내가 좋아하면 피곤하지 않다'는 말이 빈말은 아니다.

― 『홍재전서』 권161, 일득록1, 문학1

정조는 세상사 모든 일을 공부로 받아들이고 생활화했다. 여기에 한 걸음 더 나아가 유교의 기본 경전인 사서삼경을 비롯해 경학經學과 역사에 대해서는 즐기기까지 했다. 단순히 학문을 좋아하는 경지를 넘어 즐김으로써 오히려 피로를 푸는 경지에까지 다다랐다.

그래서 여러 가지 조정의 일로 바쁠 때면 독서와 공부를 할 시간이 없다며 푸념까지 했을 정도였다. 공자가 '아는 자는 좋아하는 자만 못하고 좋아하는 자는 즐기는 자만 못하다'라는 배움에 대한 명언을 남겼는데, 이 말에 가장 잘 어울리는 사람이 바로 정조다.

그 덕분에 정조는 경연에서 늘 신하들을 능가했다. 경연이라는 것은 임금이 학문을 닦기 위해 신하들 중에서 학식과 덕망이 높은 사람을 궁중에 불러 사서삼경을 비롯해 다양한 공부를 하던 일종의 토론식 수업이었다.

조선시대 국왕들은 매일 경연을 해야 했으므로 배움이 부족한 왕은 경연이 죽기보다 싫은 시간이기도 했다. 대표적인 폭군이었던 연산군은 경연 시간에 딴말을 하거나, 잠시 자리를 비운다는 핑계를 대고 신하들만 놔두고 도망가기 일쑤였다. 심지어 경연 자체를 없애버리기까지 했으니 그 스트레스가 얼마나 대단했는지 충분히 짐작할 수 있을 것이다.

정조의 공부법 핵심은 쓰기였다. 수많은 책을 읽고 그저 머릿속으로 암송하거나 의미를 되새기는 것이 아니라, 비망록처럼 독서기讀書記를 만들어 늘 가까이 두었다. 이 같은 정조의 공부법은 왕위에 오르기 전인 세자 시절 때부터 시작된 것으로, 그는 어려서부터 읽었던 모든 책을 각각의 분류 방식에 따라 정리해놓았다. 그래서 한가할 때면 그것들을 들추어보았다. 일종의 이런 독서 감상문을 통해 정조는 자신의 평생 공부 내용을 역력히 볼 수 있었을 뿐만 아니라 세월이 지나며 더 깨우친 것을 거울삼아 경계하고 반성했다.

배움을 게을리하지 않았던 정조는 쉼 없이 글을 읽고 자신의 생각을 정리하며 또 다른 글을 남겼다. 그의 주요 저작은 184권 100책에 이르는 『홍재전서』로 간행되었다. 이처럼 정조는 조선 최고의 독서광이자 기록광이었다. 기록하지 않으면 기억할 수 없고, 기억할 수 없으면 결국 잊어버리게 된다. 끊임없이 읽고 쓰고 그것을 말하고 행동하는 정조의 공부법은 지금도 유효하다.

파초와 같은 삶을 꿈꾸다

'조선의 왕 가운데 가장 외로운 국왕이 누구였느냐'고 물어볼 때면 자연스레 정조가 떠오른다. 그도 그럴 것이 생부는 죄인의 신분으로 뒤주에 갇혀 죽은 사도세자이며, 함께 정치를 펼칠 신하들 중 상당수는 아버지의 죽음과 직간접적으로 연관된 사람들이었기에 마음을 나눌 정치적 동반자가 그 어느 국왕보다 적었다. 어쨌건 정조는 사도세자의 아들이기 전에 조선을 상징하는 국왕으로서 개인적 한풀이보다는 국가를 책임져야 했다. 그러다 보니 자신의 마음을 헤아려주고 자신과 정치적 뜻을 함께해줄 신하들을 발탁하는 것이 급선무였다.

　조선 전기에는 국왕과 신하의 관계가 자연스레 어버이와 자식과 같은 방향성을 유지했다. 따라서 국왕권이 신권을 압도하는 국왕 중심의 정치가 자연스러운 형태였다. 그러나 임진년과 병자년의 양난을 거치며 백성들의 삶이 곤궁해졌고, 인조반정을 거치면서 국왕의 지위는 상대적으로 낮아졌다. 이른바 신권이 왕권을 압박하는 새로운 형태의 정치 지형으로 탈바꿈한 것이다.

　정조는 조선에서 제일가는 성리학자였다. 혹독한 유학 공부로 말년에는 안경 없이는 한 글자도 제대로 읽지 못하는 지경에 이르렀다. 정조는 성리학을 새로운 관점으로 풀어내 방대한 저술과 논술을 남겼을 뿐 아니라 당대 유행했던 북학北學까지도 성리학적 관점에서 새롭게 디자인할 정도로 학문적 경지가 상당한 수준이었다.

　이에 정조는 임금이자 스승인 '군사君師'를 자처하며 국정을 풀어갔다. 그의 시대 대표적인 인재 육성책이었던 초계문신제뿐만 아니라, 성균관과 사학四學 그리고 지방의 유생들을 시험하고 선발하는 일련의 과정을 직접 주관함으로써 당대의 학풍을 주도해나갔다.

　그때 정조가 그린 그림이 〈파초도芭蕉圖〉였다. 현재 수원화

〈정조필 파초도〉(동국대학교박물관 소장)

정조는 시뿐만 아니라 그림에도 능했다고 알려졌는데, 이 그림이 그러한 그의 예술 세계를 보여준다. 〈정조필 파초도〉는 바위 옆에 서 있는 한 그루의 파초를 묘사한 그림으로, 왼쪽 윗부분에 정조의 호인 '홍재弘齋'라는 낙관이 찍혀 있다.

성박물관 상설전시관의 첫 공간을 채우고 있는 그림이기도 하다. 성리학 공부의 기본은 '수기치인修己治人'이라고 해서 자신의 몸과 마음을 갈고닦아 정치에 도움이 되는 사람으로 거듭나는 것이었다. 이때 자신을 갈고닦을 때 가장 중요한 것이 덕성이었다. 자신의 마음가짐을 올바르게 해 생활적으로나 학문적으로 반듯한 사람의 마음을 만드는 것이 중심이었다.

파초는 그런 덕성을 살피는 좋은 식물로 조선의 선비들에게 인식되었다. 송의 성리학자 장재가 덕성을 잘 기르고 새로운 지식을 배양하는 마음을 파초의 성장 과정을 통해 발견하고「파초」라는 시를 남겼기 때문이다. 그 결과 조선의 지식인들은 파초를 '격물치지格物致知'의 대상으로 인식하기 시작했다. 파초의 잎은 푸르고도 넓다. 그리고 그 넓은 잎이 지지 않으며, 먼저 나온 잎이 어느 정도 자라면 곧이어 늘 새로운 잎이 말려 나온다. 이런 이유로 조선의 사대부가 안방에는 늘 파초 한 그루가 조심스레 화분에 담겨 겨울나기를 했다.

정조 역시 그러한 파초의 삶과 같은 덕성을 키우고자 파초를 가까이하며 시를 읊었다. 정조가 남긴 파초 시는 다음과 같다.

정원에 자라나는 봄 새싹은 아름답고

푸른 파초는 새잎을 펼치는구나

펼쳐 올라온 그 모습은 빗자루처럼 길쭉한데

탁물托物이란 대인들이 힘쓰는 것이었구나

- 『홍재전서』 권3 춘저록2

정조는 이 시를 통해 파초가 짙푸른 잎을 길게 펼쳐 강렬한 태양을 피할 수 있는 그늘을 만들어내는 것처럼, 대인의 정치를 펼쳐 보이겠다는 포부를 드러냈다. 한마디로 정조는 만백성과 신하들을 감싸 안은 군사君師이자 정치적으로 화합하는 성인군자를 꿈꾸었다. 비록 말하지 못하는 식물이지만 자연에는 말 그대로 '스스로 그러한' 순리가 담겨 있다. 해마다 봄 햇살에 신록이 깨어날 때에는 정조처럼 파초를 그리는 마음으로 자신을 갈고닦아보자.

심안으로 세상을 보다

조선시대 궁궐에서 국왕이 가장 많이 했던 운동이 바로 활쏘기다. 특히 정조의 활쏘기 실력은 신궁에 가까웠다. 『정조실록』 1792년(정조 16) 10월 30일 기사에 따르면 정조는 창덕궁 춘당대에서 50발을 쏴서 49발을 맞혀놓고 마지막 한 발은 예의상 쏘지 않거나 과녁을 빗나가게 해서 군자의 덕을 지키려 했다. 이는 화성행궁에 거둥擧動(국왕의 행차는 한자로 '거둥擧動'이라고 쓰고 '거둥'이라 읽는다)해서도 마찬가지였다.

우리나라의 전통 활쏘기인 국궁에서는 화살 5발을 한 순巡이라고 하는데, 한 순을 쏘고 나서 잠시 쉬었다가 다시 쏘도록 되어 있다. 그런데 50발이면 10순인데, 이를 모두 쏘려면 30분에서 1시간 정도의 시간이 소요된다. 이 시간 동안 평정심을 잃지 않고 화살 하나하나에 온 신경을 집중하는 것은 무척이나 어려운 일이다.

또한 2미터가 넘는 거대한 과녁에 활을 쏘는 것이 아니라, 장혁掌革이라고 해서 손바닥 크기만 한 특수 과녁 혹은 작은 부채나 곤봉을 세워놓고 이를 과녁 삼아 화살을 날려 보냈다. 게다가 50미터 이상의 거리에서 쏘려고 하면 과녁조차도 희미해서 보이지 않을 정도였다.

정조가 이렇게 작은 과녁에 화살을 날리는 이유를 신하들도 가끔은 궁금해했다. 그래서 어느 날 신하들이 용기를 내어 그 까닭을 물었다. 그러자 정조는 "활쏘기의 묘미는 정신을 집중하는 데 있다. 표적이 작을수록 정신이 한데 모아져 이를 천천히 바라보고 있으면 작은 이 한 마리가 수레바퀴와 같이 크게 보이는 경지에 도달할 수 있다"라고 답했다. 그리고 단순히 선대의 유능한 능력을 물려받은 것에 그치지 않고 끊임없이 노력해서 얻은 실력이라고 단언했다.

정조는 자신의 아버지를 죽음으로 몰아넣은 집권 세력이었던 노론 세력을 견제해야 했다. 말 그대로 1 대 100의 전투를 이기기 위해 정조는 신하들보다 뛰어난 학문적 성과를 얻

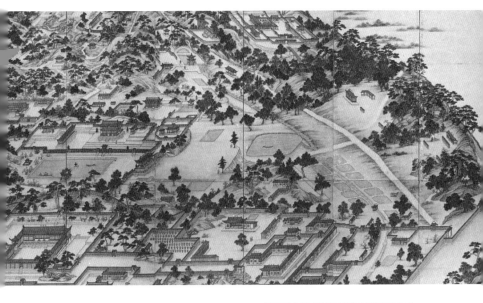

〈동궐도〉 중 일부(고려대학교박물관 소장)

창덕궁과 창경궁을 그린 그림으로, 두 궁궐이 본궁인 경복궁의 동쪽에 위치해 있어서 '동궐'이라 불렀다. 창덕궁 춘당대에서 '춘당대시'라는 문과 시험을 치르거나 무과 시험의 활쏘기와 말 타기를 진행했다. 때로는 왕이 신하들과 활쏘기 대회를 열기도 했다.

어야만 했다.

결국 정조는 25세에 왕위에 오른 뒤 눈이 빠져라 책을 보았으니 시력은 갈수록 나빠졌다. 1799년(정조 23) 즈음에는 급기야 정사를 논하는 자리에서 안경을 써야 할지 말아야 할지 고민할 정도로 시력이 더욱 나빠졌다. 당시 예법에 따라 임금은 신하들과 함께 정사를 살피는 자리에서는 안경을 쓰면 안 되었기 때문이다.

이에 정조는 심안心眼을 기르고자 했다. 해마다 봄이 되면 온 신하들을 불러 모아 안경을 벗은 뒤 먼 과녁에 화살을 날리며 만인의 모범이 되려 했다. 눈으로 과녁을 보면서 화살을 쏘는 것이 아니라, 마음으로 과녁을 읽어냈다.

혹여나 온갖 고민거리에 사로잡혀 빛 한 줄기 들지 않는 끝 모를 터널을 걷는 것처럼 느껴지더라도 삶의 의지가 충만하다면 언젠가는 분명 정조가 멀리 있는 과녁을 손금 보듯이 했듯 심안이 탁 트일 것이다. 그러니 크게 심호흡 한 번 하고 세상 기운 가득 가슴에 채워 내가 서 있는 곳에서 또 다른 심안을 키워보자.

정조의 지식 경영법

정조의 리더십은 조선시대 국왕들 중 가장 탁월했다. 그 핵심에는 경연이라는 제도가 있었다. 경연은 국왕과 함께 당대의 지식인들이 고전을 통해 학문을 논하는 것이었지만 실제로는 정치 현안을 다루었다. 경연은 조강, 주강, 석강, 이렇게 세 번 열렸는데 때로는 야대라고 해서 늦은 밤에 열리기도 했다. 정조는 경연을 통해 국가를 경영하는 제왕학을 터득했으며, 이를 바탕으로 끊임없이 성장했다. 당대의 사료를 읽어보면, 매 순간 정조의 날카로운 질문과 현실 정치에 대한 정책적 대안을 경연에서 찾고 있음을 알 수 있다.

〈성균관친림강론도〉

(고려대학교박물관 소장)

조선시대 경연은 1392년(태조 1), 9월 21일 태조 이성계가 성균관 대사성 유경에게 명해 『대학연의』를 강론하는 것에서 시작했다. 전란이나 극심한 자연재해가 일어나지 않는 한 사실상 경연은 계속되었다. 〈성균관친림강론도〉는 왕이 성균관 대성전에 행차해 문묘에 참배한 뒤 명륜당 앞마당에서 성균관 유생들과 함께 경서를 논한 장면을 그린 것이다.

1777년(정조 1), 야대에서 정조는 『논어』를 읽다가 재미있는 질문을 던졌다. 그날 토론 주제는 그토록 강성했던 당나라의 군대가 철저하게 궤멸된 이유였다. 한때 천하를 호령해모든 물건과 지식이 수도인 장안에 모인다고 했을 정도로 당나라의 힘은 당대 최고였다. 정조가 수원화성의 북문을 장안문이라고 이름 붙인 까닭도 당나라의 장안처럼 화성 역시 융성한 도시가 되기를 바랐기 때문이었다. 당나라의 힘은 강력한 군대에서 비롯되었는데, 말기에 이르면 곳곳에서 들고일어나는 반란을 막지 못하는 등 백전백패의 무력한 모습을 보이며 나라의 멸망을 부채질했다.

정조는 진실로 궁금했다. 왕권을 강화하려면 강력한 군사력이 뒷받침되어야 하는데, 그 한계와 보완해야 할 점을 살펴본 뒤 대비하고 싶었던 것이다. 이 질문에 당시 시독관, 즉 책을 받들어 읽는 관리였던 이재학이 "당시 국가 경영을 책임진 임금의 시기와 의심 때문이었다"라며 가장 먼저 대답했다. 작은 실수도 용납하지 않아 전쟁의 선봉을 이끌 장수를자꾸 바꾸어버렸다는 것이다. 그리고 다른 이는 중간에 신하들이 농간을 부려서 깨끗한 정치를 하지 못했기 때문이라는등 몇 가지 의견이 흘러나왔다. 잠시 정적이 흘렀다.

정조는 당나라 군대의 패배 원인을 3가지로 정리해 내놓았다. 첫 번째는 본인이 임용한 장수를 의심했다는 것이다. 임금이 장수를 뽑을 때 신중해야 하는 것은 맞지만 임명한 후에는 그를 전적으로 믿고 지원해주어야 승패에 따른 고과를 명확하게 따질 수 있는데 그렇게 하지 못했다는 것이다. 두 번째는 전장에서 일어나는 모든 일은 장수가 지휘하고 통제해야 함에도 그렇게 하지 못했다는 것이다. 임금은 물론이고 입심이 좋은 신하들이 전장의 상황도 제대로 파악하지 못한 채 군사를 이리저리 마음대로 움직였다. 마지막은 장수들이 서로 소통하며 전장의 상황에 따라 힘을 합쳐야 함에도 그러지 않았다는 것이다. 이는 각각의 장수들 역시 주장主將의 지휘에 따라 전술 행동을 펼쳐야 하는데, 휘하 장수들이 자신의 공을 드높이기 위해 독단적으로 움직여서 발생했다. 각각의 장수들 역시 주장이 직접 배치한 것이 아니라 철저하게 정치적인 이유로 낙하산인사였기 때문에 비롯된 문제였다.

경연 시간이 길어지면서 궁궐의 밤도 점점 깊어갔다. 정조의 얼굴에는 근심이 가득했다. 오군영의 상황이 당군과 별반 다르지 않아서였다. 고심 끝에 이후 정조는 오군영의 한계를 뛰어넘는 새로운 군대인 장용영을 창설했다. 장용영은 최정예 부대로 거듭났다.

정조는 지식을 단순히 머릿속에만 머무르게 한 것이 아니라 쉼 없이 현실에 적용하려 애썼다. 돌처럼 굳어버린 딱딱한 지식이 아닌, 토론을 통해 현장에 적용할 수 있도록 부드러운 지식 경영을 했다. 고전에 담긴 지식과 철학은 오늘의 현실을 비추어 늘 살아 있어야 한다. 그것이 진정한 고전의 힘이며, 정조의 지식 경영법이기도 하다.

작은 일도 소홀히 하지 않다

인간은 정치적인 동물이다. 권력을 가진 특정지배계급만이 아니라 사회라는 공동체 안에서 살아가는 모든 사람이 늘 정치를 말하고 듣는다. 비단 사회문제나 특정 정파의 논리를 대변하는 것뿐만 아니라 일상의 소소한 모든 것이 정치의 일부다.

현재 사회적으로 큰 이슈가 되는 사건에 대한 의견 표출은 물론이고 친구나 가족과의 관계 속에서 벌어지는 작은 사건들에 대한 의견들도 정치 행위에 해당한다. 맛있는 음식이나 어제 본 영화와 드라마에 대한 이야기를 풀어내는 것 또한 정치에 해당한다. 심지어 요즘 유행처럼 번지며 SNS에 좋은 풍

광과 함께 사진을 찍어 올리는 행위 또한 정치의 일종으로 볼 수 있다. 이 같은 행위를 통해 다른 누군가에게 좋은 쪽이든 아니든 간에 영향을 끼친다면 그것이 정치 행위인 것이다.

오늘을 사는 우리는 의도하든 그렇지 않든 간에 일정한 공동체에 소속될 수밖에 없다. 크게 보면 국가라는 소위 거대 민족 공동체부터 가족이라는 작은 혈연 공동체에 이르기까지 셀 수도 없이 많은 집단에 교집합의 형태로 귀속되어 살아간다. 따라서 공동체에 속한 개인은 그 집단의 영향을 받을 수밖에 없다. 그 공동체와의 관계 속에서 발생하는 모든 것이 정치다.

머릿속에서 어떤 사람이나 사건을 회상하는 것부터 정치는 시작된다. 머릿속에 저장된 기억은 지극히 사적인 기억들뿐만 아니라 사회 구성원이 함께 공유하는 집단기억들이 공존한다. 그리고 이 사적인 기억과 집단기억 들은 서로 상호작용하면서 개인의 정치적 의견을 만들어낸다. 누군가는 그것을 입 밖으로 꺼내지 않고 마음속으로만 생각할 수도 있고, 다른 누군가는 음성이나 문자화된 기록장치를 통해 주변인들에게 영향을 주려고 노력한다. 그것이 소위 말하는 개인의 정치력이다.

정조는 정치가 일상과 맞닿아 있다는 사실을 누구보다 잘 알고 있었다. 1788년(정조 12) 정조는『가체신금사목加髢申禁事目』을 내려 '부녀자의 복식服飾이 정치와 무관한 것이라고 말하지 말라'라고 하며 부녀자의 일상생활 일부도 정치와 연관된 것이라 강하게 주장한 바 있다. 당시 사대부가 여성들이 가체를 마련하기 위해 사치를 일삼자 이를 단속하기 위해 내린 윤음綸音의 일부인데, 개인의 행동이 공동체에 영향을 끼친다면 그 또한 정치와 연관된 행위로 판단한 것이다.

가끔 어떤 사람은 자신의 정치적 견해를 밝히는 것을 몹시 싫어하며 정치 이야기를 하는 사람과 과감하게 관계 맺음을 끊는 경우도 종종 있다. 게다가 그 사람은 너무 정치적인 이야기만 한다며 보기 싫다는 식으로 험담을 하기도 한다. 만약 진실로 그렇게 생각하는 사람은 어떠한 공동체에도 귀속되지 않은 채 깊은 산속에 혼자 은거하며 유유자적하게 살아가는 것이 좋을지도 모르겠다.

그리고 그렇게 생각하는 순간 혹은 그 생각을 누군가에게 이야기하는 것 자체가 본인 또한 지극히 정치적인 행위를 하고 있음을 알아야 한다. 그 사람이 오늘 가족과 함께 식탁에서 나눈 이야기 역시 작은 정치의 일부이며 돈을 벌기 위해 직장에서 일하는 행위 자체도 거대 사회에 도움을 주는 정치와 연관된 행위이기 때문이다.

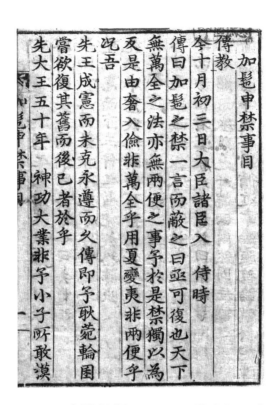

加髢申禁事目

傳敎

今十月初三日大臣諸臣入侍時

傳曰加髢之禁一言而蔽之曰亦可復也天下
無萬全之法亦無兩便之事乎於是禁獨以爲
又是由奢入儉非萬全乎用夏變夷非兩便乎
嗟吾

先王成憲而未克永遵而久傳卽予耿菀輪囷
嘗欲復其舊而後已者於乎
先大王五十年神功大業非予小子所敢漠

『가체신금사목』(서울대학교 규장각한국학연구원 소장)
조선 후기에 기녀뿐만 아니라 양반가 여성들 사이에서도 가체가
널리 유행했는데 지나친 사치 풍조가 사회문제로 대두되었다.
이에 영조는 가체를 금하고 족두리로 이를 대신하게 했는데, 점
차 족두리에 하는 장식이 과해지고 비용이 많이 들어감에 따라
또다시 문제가 되었다. 이 정책은 실효성도 떨어지는 데다가 가
체의 무게를 이기지 못하고 목이 부러져 죽은 사례까지 나타나
자 결국 정조는 가체 금지령을 내렸다.

정치는 우리 삶에서 공기이자 물이다. 단지 의미성이나 가치를 서로 다르게 인지할 뿐이지 정치를 떠나서는 살 수 없다. 누군가가 깊은 물속에 빠진다면 공기라는 존재는 세상 무엇과도 바꿀 수 없는 것이며, 사막에서 목마름을 채울 수 있는 한 그릇의 물은 다른 누군가에게 생명을 연장할 수 있는 가장 소중한 존재인 것이다.

이 사회를 구성하는 모든 개인은 서로 다른 존재이기에 그들의 사고 역시 다를 수밖에 없다. 그러다 보니 생각을 표현하는 방식 또한 다양할 수밖에 없다. 대한민국의 헌법 제1조인 '대한민국은 민주공화국이다'라는 의미 역시 개인의 다양한 의견을 민주적으로 표출할 수 있다는 뜻이다. 혹자는 '정치가 밥 먹여주냐?' 식의 의문을 갖기도 하지만, 정치는 밥을 먹여주는 것이 아니라 정치 그 자체가 '밥'이며 우리 '삶'의 일부다.

온고지신의 정치

흔히 쓰는 사자성어 중 '온고지신溫故知新'이라는 말이 있다. 『논어』「위정편」에 나오는 공자의 말로, '옛것에서 배워 새로운 것을 깨닫는다'라는 뜻인데 지나간 과거의 일을 모두 잊을 것이 아니라 끊임없이 배우고 익혀야 한다는 것을 강조하는 글귀다. 한마디로 과거의 지식을 새롭게 갈무리하면 그것이 스승이라는 이야기다.

그런데 정조의 해석 방식은 조금 달랐다. 그는 옛글을 익히면 그 가운데서 쉼 없이 새로운 맛을 알게 되어 자기가 몰랐던 것을 더욱 잘 알게 된다며 반복과 깊은 사고가 고전 공부의 핵심이라 했다. 그래서 정조는 새로운 공부를 위해 다양한 책을 읽기보다는 한 권을 읽더라도 깊이 있게 읽을 것을 강조했다.

그 이유는 간단하다. 평생을 바쳐 책을 읽는다 해도 다 배울 수 없을 정도로 축적된 인류의 지식의 양은 엄청나다. 따라서 이미 공부한 것과 경험한 것에서 진정한 의미와 '새 맛'을 알아내는 것이야말로 자신이 소화할 수 있는 최고의 공부법이기 때문이다.

온고지신의 첫 번째 글자인 '온溫'은 '따뜻할 온'이 아니라 '배울 온'이다. 그런데 배움을 상징하는 문자가 어디 '온'자 하나뿐인가. '배울 학學'이나 '익힐 습習'과 같은 문자도 『논어』에 쉬지 않고 등장하는데, 하필 이 단어에서만큼은 '온'이라는 문자를 고집한다. 바로 여기에는 '따뜻한 배움'이 담겨 있다. 그저 먼 옛날에 쓰인 고전 속의 글이나 지나가 버린 차가운 옛날의 기억들이 아니라, 지금 이 순간에도 세상 풍파를 견디며 앞으로 살아갈 동안 펼쳐진 삶의 온기가 담긴 지혜인 것이다.

오늘날 우리의 머릿속에는 지식이 잔뜩 들어 차 있다. 심지어 매일 스마트폰을 만지작거리며 수많은 지식 정보의 홍수 속에서 허우적거린다. 오직 '검색'만으로 '사색'의 과정이 희미해져버린 세상 속에서 살고 있다. 정작 우리가 살아가는 현실에 도움을 주지 못하는 차가운 지식이라면 그것은 서고에 먼지와 함께 처박힌 낡은 구시대의 유물일 수밖에 없는 것이다. 정조는 아마도 '온' 자에 그런 의미를 더해 살아 있는 지혜의 산물로 고전을 읽고 싶었으리라.

죽은 것은 차고, 살아 있는 것은 따뜻하다. 살아 있는 지식, 사람을 생각하는 따뜻한 지식이야말로 진정한 지혜로 전환할 수 있는 배움의 궁극적 가치를 고민한 것이라 할 수 있다. 실사구시와 이용후생利用厚生을 근본으로 하며 18세기 조선의 새로운 학풍을 열어젖힌 실학이 태동하고 발전할 수 있었던 것도 사람을 따스하게 여기는 학문적 성찰이 있기에 가능했다.

백성들이 헐벗고 굶주리면 아무리 좋은 문장이나 음악도 한낱 공염불일 뿐이다. 또한 지나치게 폭압적인 권력을 행사해 두 눈과 귀를 막아 백성들을 강제로 교화한다 하더라도 그들은 결코 변하지 않는다. 오직 사람에 대한 따스한 눈길과 손길로 그들의 고통과 삶의 응달진 곳을 감싸고 품어내야만 세상은 똑바로 설 수 있는 것이다.

누구든 학문 속에 담긴 지식을 바탕으로 따스한 사람의 이야기를 풀어낸다면 그 사람이 진정한 스승이다. 정치도 그와 같다. 시정잡배처럼 권력의 아귀다툼을 위해 제 몸을 던지는 것이 아니라, 작은 촛불 하나를 밝히더라도 사람의 따스함을 풀어내는 정치가 백성을 위한 진정한 정치인 것이다. 온고지신에 대한 정조의 생각은 단순한 지식을 넘어 현실 정치가 어디로 향해가야 하는지를 보여준다.

악습을 폐지하다

『무예도보통지』 「병기총서」에 이런 대목이 등장한다.

1769년(영조 45) 2월에 내원內苑에 납시어 친히 활로 과녁을 다섯

번 쏘아 모두 맞혔다. 이어 국구國舅, 의빈儀賓, 종친宗臣, 육조의

당랑堂郎, 한성판윤, 장신將臣, 승지, 사관들이 활을 쏘았다. [과녁에

적중한 자에게는 품계를 올려주거나 국왕이 타기 위해 기르던 말을 하사

하였고, 적중하지 못한 장신과 의빈에게는 용두봉미龍頭鳳尾를 자진해서

바치도록 하였다.]

이 기록을 쉽게 설명하면, 영조가 친목 성격의 활쏘기 대회를 열어 실력이 떨어지는 신하들과 사위들에게 '용두봉미'를 '자진해서' 바치도록 하명한 것이다. 문자 그대로 보면 용의 머리와 봉황의 꼬리를 가리키지만, 실제로 용두는 돼지고기를, 봉미는 닭고기를 의미한다. 그러니까 활을 제대로 못쏜 사람들은 돼지고기와 닭고기로 한턱 쓰라는 이야기다. 한상 푸짐하게 차려 우스갯소리로 '용'이니 '봉'이니, '왕'이니 '신하'니 하며 서로 담소를 나누면서 친목을 도모한 것이다.

영조는 유독 종친들과 활쏘기 모임을 자주 가졌으며, 조선 후기에는 실질적으로 진행한 적 없었던 대사례를 열어 활쏘기를 통한 정치적 행보를 보였다. 대사례는 군례軍禮의 일종으로, 국왕의 군사적 위업을 알리는 가장 정치적인 의례였다. 이때 국왕은 '웅후熊侯'라고 해서 곰의 얼굴이 그려진 과녁에 활을 쏘았고, 신하들은 사슴 얼굴이 덧붙여 있는 '미후麋侯'라는 과녁에 화살을 날렸다. 한 가지 덧붙이자면, 군사들은 훈련할 때 '시후豕侯'라고 해서 멧돼지 얼굴을 과녁으로 삼았다.

활쏘기를 못한 사람들은 벌주를 마셔야 했는데, 이 때문에 오히려 술 실력만 늘어나는 일이 벌어지기도 했다. 정조가 활쏘기의 신궁神弓이라고 불렸던 내력도 실은 어릴 적부터 자주 봐왔던 영조의 모습이 각인되었을지도 모른다.

한편 용두봉미라는 단어가 자주 언급되는 곳이 또 하나 있는데, 바로 '면신례免新禮'다. 면신례는 과거시험을 통과하고 벼슬을 처음 시작하는 관원이 선배들에게 성의를 표시하는 의식을 말한다. 그도 그럴 것이 이제 정식으로 관원이 되어 녹봉을 안정적으로 받을 테니, 미리 고참들에게 깍듯하게 대접하는 것이 일반적이었다.

보통 출근 첫날, 간단한 자기소개와 인사를 올리는 허참례許參禮를 진행하면서 간단한 향응이 이루어졌다. 그리고 본격적인 면신례는 어느 정도 얼굴을 익힌 후에 행했는데 상다리가 부러지게 음식을 차렸다. 허참례부터 면신례까지 그 10일 동안이 '면신', 즉 신참 딱지를 떼는 기간이었다. 이때 고참들은 온갖 트집을 잡아 신참을 못살게 괴롭혔는데, 그래야 면신례 때 상에 올라오는 안주와 술의 가짓수가 많아졌기 때문이었다. 그렇게 면신례를 잘 마치고 나면 조직의 일원으로 함께 동고동락을 했다.

그런데 유독 무관武官으로 출사한 관원들의 면신례는 혹독하기로 소문이 났다. 군대라는 독특한 조직, 조총과 활 그리고 창검을 매일같이 휴대하며 거친 삶을 살아야 했기에 더욱 그러했을지도 모르겠다. 예를 들어 호랑이를 전문적으로

『금오계첩』(국립고궁박물관 소장)

금오는 의금부의 별칭으로, 『금오계첩』은 의금부 관원들이 계회를 열고 이를 기념하기 위해 제작한 시화첩이다. 의금부에서는 신임 도사가 면신례를 행하는 날 『금오계첩』을 지참해 선배들에게 하나씩 나누어주는 것이 관례였다.

사냥하는 착호군捉虎軍은 선배들과 직접 무기를 가지고 서로 교전을 펼쳐 죽기 직전까지 두들겨 맞는 상황이 비일비재했다. 이 정도도 이겨내지 못하면 얼마 못 가서 '호랑이 밥'이 될 가능성이 높았기 때문이다. 그리고 호된 신고식 뒤에는 얼큰한 술 한 사발과 함께 새로운 정을 텄다.

명분이야 어떻든지 간에 면신례는 악습일 뿐이었다. 게다가 정말 못된 고참도 많았다. 한 신입 장교가 괴롭힘을 견디지 못하고 스스로 목숨을 끊는 일까지 발생했다. 이러한 악습을 타파하기 위해 법을 제정하자는 논의가 조정 회의의 안건으로 상정되기도 했다. 실제로 가혹한 폭행이나 과도한 금품과 관련된 면신례를 금지한다는 공식적인 훈령이 나오기도 했지만, 암암리에 계속되었다.

조선 후기 무관으로 등용된 임백현의 면신첩免新帖에는 이런 내용이 잘 담겨 있다. 면신첩은 면신례를 통과했다는 일종의 증명서인데, 임백현의 면신첩에는 선배들이 직접 글을 쓰고 도장을 찍어 남겨놓았다.

신귀 현백임에게(이름을 거꾸로 써놓았다. 역시 해학적이다), 깊이 생각하건대 너는 불량한 재주임에도 불구하고 귀한 벼슬자리에 올랐다. (……) 용두봉미를 즉시 바치거라. 선배들 씀.

정조는 이러한 폐단을 고치기 위해 일종의 규칙 조항인 「각청면신절목各廳免新節目」을 만들어 모든 군사 관련 기관에 배포했다. 해당 절목은 '내삼청內三廳(국왕 친위 금군)의 신참에 대한 쓸데없는 비용 지출이 심각한 상황이다. 일찍이 통렬하게 바로잡고자 했으나, 옛날의 악습만 따르다가 경황이 없어 지금까지 이어진 것이다'라는 말로 시작해서 해당 최고 지휘관은 두 번 다시 이런 일이 발생하지 않도록 각자 명심할 것을 당부하고 있다.

요즘도 '신고식'이란 명목으로 모진 폭행을 하거나 도를 넘는 향응을 받아야 직성이 풀리는 사람들이 있다. 가끔은 성희롱 문제까지 언론에 언급될 정도니 꼰대를 넘어서 흡사 짐승과 닮은꼴이다. 이러한 신고식은 각 조직의 특성을 내세우며 다양한 방식으로 지금도 계속되고 있다. '악습'이 돌고 돌아 또 다른 '전통'이라는 탈을 쓰고 누군가를 괴롭히고 있는 것이다. 이제부터라도 그 억압의 사슬을 끊어내야 한다. 정조처럼!

기록을 중시하다

조선은 기록의 나라였다. 대표적으로 『조선왕조실록』은 태조 때부터 철종까지 25대 427년간의 역사를 국왕별로 당대의 정책적 사안뿐만 아니라 문화, 지리, 풍속 등을 총망라해 정리해놓았다. 또한 조선은 왕조였기에 국왕의 몸짓과 말 한마디가 역사 그 자체였으므로 일거수일투족까지 『승정원일기』라는 일종의 국왕 직속 비서실 일기를 통해 정리했다. 그뿐만 아니라 국가에서 정책적으로 치러진 수많은 행사는 『의궤』라는 이름으로 준비 단계부터 소요한 경비까지 세심하게 자료로 남겼다.

기록을 남긴다는 것은 자신감을 드러내는 것이었다. 그 기록은 반드시 후세가 보고 다시금 평가하는 것을 전제로 삼았기에 그 어느 것보다 정확하고 명료하게 남겨놓아야만 했다. 조선이라는 봉건국가에 대한 다양한 평가가 존재하지만, 단일 왕조가 500년이라는 장구한 세월 동안 존속할 수 있었던 것은 그만한 저력을 가졌기 때문이라는 사실만큼은 부정하지 못할 것이다. 어쩌면 조선은 기록의 힘으로 유지된 것일지도 모르겠다.

조선시대 국왕들 중에서 기록에 가장 심취한 사람은 다름 아닌 정조였다. 정조는 왕세손으로 책봉된 뒤부터 왕위에 오르기 전까지『존현각일기尊賢閣日記』라는 이름으로 글을 남겼고, 이후에는『일성록』이라는 국왕 일기까지 편찬해놓았다. 또한 신하들과 나눈 간단한 이야기는 물론이고 직접 지은 시나 문장을 비롯한 모든 글을 한곳에 묶어『홍재전서』라는 이름으로 정리했다. 그 분량이 모두 184권 100책이나 되는데 실로 어마어마한 양이다.

심지어 정조는 편액에도 상세한 설명을 남겨놓았다. 그래서 18세기 정조 시대를 연구할 때 가장 요긴한 사료로 활용된다. 수원화성에 걸린 편액들에 대한 설명들도 꼼꼼하게 기록해두었다. 화성의 편액들은 대부분 정조가 직접 이름을 지

『홍재전서』(수원시박물관사업소 소장)
정조가 정치적으로, 학문적으로 높은 성취를 이루어냈음을 보여준
다. 『홍재전서』는 184권 100책으로 이루어져 있는데, 조선시대 왕
의 저술 가운데 가장 방대한 양이다.

은 것이다.

예를 들면 화성행궁의 정문인 신풍루의 본래 이름은 진남루鎭南樓였다. 1795년(정조 19) 정조는 신풍루로 고치라 명하고 조윤형에게 편액을 다시 쓰게 했다. 중국 한고조의 고향이 패현 풍읍 중양리였는데, 천하를 평정한 뒤에 고향을 그리워하는 아버지를 위해 옛 진秦의 여읍을 풍읍의 거리처럼 만들고 풍읍의 백성들을 이주시켜 '신풍'이라고 이름 붙인 것에서 따온 것이다. 정조에게 화성은 새롭게 세운 고향이었기 때문이다. 게다가 사도세자의 묘소를 화성으로 옮겼기에 아버지께 새로운 고향을 선물해드린다는 의미도 있었다. 그래서 행궁의 정전인 봉수당奉壽堂 바로 앞을 지키는 역할을 하는 내삼문 중 하나를 중양문中陽門이라고 이름 붙였다.

화성행궁의 봉수당과 장락당長樂堂이라는 편액 또한 1795년에 어머니인 혜경궁 홍씨의 회갑연을 거행하기 위해 의도적으로 붙인 것이다. 장락당은 한나라 태후의 거처였던 장락궁에서 이름을 따온 것으로, 정조가 편액을 직접 써서 걸었다. 이는 어머니의 장수를 축원하는 마음과 함께 아버지인 사도세자도 회갑이었기에 아버지를 그리는 마음을 더한 것이기도 했다.

수원화성의 남문인 팔달문八達門은 서쪽에 자리한 산의 이름이 팔달이므로 문도 팔달이라고 했는데, 이는 사방팔방에서 배와 수레가 모인다는 뜻도 담고 있다. 북문인 장안문은 북쪽으로는 한양의 궁궐을, 남쪽으로는 원침을 바라보아 만년의 편안함을 길이 알리는 뜻을 취한 것이다. 동문인 창룡문蒼龍門은 굽이치는 용의 형상을 담은 것이고, 화서문華西門은 그 방향을 분별한 것이다. 동북각루東北角樓인 방화수류정訪花隨柳亭은 꽃이 핀 산과 버들이 늘어진 냇가의 뜻을 취한 것이다. 이처럼 수원화성의 편액들만으로도 정조 시대의 문화적 성격을 읽어낼 수 있다.

오늘을 사는 우리는 과연 후세들에게 어떠한 기록을 남길지, 그리고 그에 대한 평가가 어떨지 늘 염두에 두며 살아가야 할 것이다. 조선 최고의 폭군인 연산군이 "내가 두려워하는 것은 오직 역사뿐이다"라는 말을 남긴 것처럼 역사의 무게감은 절대적이다.

정조의 인재 등용 방식

'인사人事가 만사萬事다'라는 말이 있다. 좋은 인재를 잘 뽑아 적재적소에 배치하는 것이 모든 일을 순리대로 풀어가기 위한 기본이자 핵심이라는 의미다. 그만큼 사람을 믿고 쓰는 일은 어렵고 귀한 일이다.

　좋은 인재 하나를 키우고 그 인재가 제대로 능력을 펼친다면 세상에 두루두루 도움이 되기에 단순히 한 자리를 채우는 것에만 그치지 않는다. 반대로 잘못된 인사로 인해 야기된 막대한 손해는 때로는 그 조직에 국한하지 않고 세상에 좋지 않은 영향을 끼치기도 한다.

인재에 대한 정조의 믿음은 더욱 각별했다. 자신이 처한 극한의 상황을 헤쳐나가기 위해서는 좋은 인재의 도움을 받아 국정을 살피는 것이 중요하다고 생각했기 때문이다. 한번은 정조가 한 차대次對에서 옛 격언을 빌려 이렇게 말한 바 있다.

> 임금의 큰 정사는 사람을 등용하고 신임하는 것보다 앞서는 것이 없다. 신임하고 등용하는 방도에 있어서는 장수와 재상에 관한 것이 더욱 중요하니 '의심스러우면 맡기지 말고 맡겼으면 의심하지 말라'는 것은 옛사람의 격언이다. 마음에 들지 않는 자가 있을 때 숨기고 참는 것이 옳겠는가, 밖으로 드러내는 것이 옳겠는가.
>
> ─『정조실록』, 1791년(정조 15)

정조는 국가라는 거대 조직에서 사람을 등용하는 일은 단순히 자리에 그치는 것이 아니라, 백성들의 삶 전반에 영향을 끼치는 것이어서 신중에 신중을 기했다. 그래서 사적인 감정을 접어두고 오로지 일과 사람을 중심으로 국정을 운영했다.

대표적으로 구선복이 그러했다. 구선복은 당대 핵심 군영인 훈련도감의 대장을 맡으면서 다양한 국방 업무를 수행했다. 그런데 그는 사도세자의 죽음과 직접적으로 연관된 원수와도 같은 사람이었다. 정조는 구선복을 생각하면 "살점을 씹어 먹고 살가죽을 벗겨 깔고 자도 시원치 않겠다"고 토로했을 정도로 뼛속까지 원한에 사무친 상태였다.

그럼에도 정조는 그의 능력을 높이 여겨 중용했다. 또한 그와 종형제 사이인 이주국을 경기 북부 방어 사령관 격인 총융청의 대장인 총융사로 임명했다. 이는 정조가 정적들을 처단하기 위해 정치적인 술수를 발휘한 것이 아니라 공적인 일에는 사적인 감정을 개입하지 않겠다는 정치적 의지를 드러낸 것으로, 원수 같은 존재들일지라도 나라에 보탬이 된다면 기꺼이 요직에 중용했음을 방증한다.

이후 1786년(정조 10)에 훈련대장 구선복이 역모를 꾀하다가 발각되어 국법으로 다스렸을 때도 이주국은 총융사 자리를 지킬 수 있었다. 신하들이 이주국도 연좌해 책임을 물어야 한다고 주장했지만, 정조는 이주국이 역모에 직접적으로 가담한 것이 아니기 때문에 더는 그 책임을 묻지 않았다. 정조는 이주국이 이 일을 반면교사로 삼아 장수로서 뛰어난 국방정책을 수행한다면 오히려 국가에 더 이로울 것이라 믿었다.

정조는 앞서 살펴본 차대에서 터득한 '의심스러우면 맡기지 말고 맡겼으면 의심하지 말라'는 깨달음을 몸소 실천했으며, 한 걸음 더 나아가 인재를 좋은 길로 인도하려 했다. 이주국이 스스로도 '죽을 것을 살려주고 마른 뼈에 살을 붙여

주셨다고 할 만하다'고 자평할 정도로 정조는 인재에 대한 지극한 관심을 보여주었다.

그런데 정조의 정치적 속내를 유추해보면, 실력이나 능력은 배제한 채 오로지 출신 배경과 당색에만 치우친 당대의 인사 비리 문제를 해결하려는 몸부림처럼 느껴지기도 한다. 큰 조직이든 작은 조직이든 지도자는 늘 인사에 대한 고민을 달고 살 수밖에 없다. 그 고민의 해결점은 오로지 사람에 대한 믿음이며, 사람에 대한 지극한 관심뿐이다.

정조는 사람들의 장단점을 파악해 그들이 자신의 기량을 최대한 발휘할 수 있도록 지원했다. 정조의 인재관은 '탁한 물도 물이요, 낮은 곳의 물도 물이다'라고 역설한 것에서 살필 수 있듯이 적절한 용병술이 핵심이었다. 기득권 당파에게 기대어 인재를 찾는 것이 아니라 비록 세력은 없을지라도 능력이 출중하거나 해당 일에 적당하다고 판단되면 그 사람을 요직에 등용했다.

또한 단순히 좋은 인재를 뽑고 적당한 자리를 만들어주는 것에 그치지 않고, 좋은 인재를 키우기 위해 배려를 아끼지 않았다. 정조는 인재를 기르지 않으면 국가와 사회가 필요할 때 쓸 수 없다고 생각했다. 그래서 '난세에 영웅 난다'는 말을 철저히 부정하고 좋은 시절에 인재를 길러야 난세를 풀어갈 사람을 만들 수 있다고 여겨 신하들에게 인재 키우기를 강조했다. 정조는 집의 핵심 기둥인 대들보나 배의 중심축을 잡는 용골에 쓰이는 재목을 예로 들며 수십 년을 공들여야 나라의 기둥으로 삼을 만한 인재를 배출할 수 있다고 역설했다. 그리고 도끼를 가진 자들이 날마다 침범해서 제대로 자라기도 전에 베어버리거나 병충해로 스스로 죽어버리는 일이 없도록 끊임없이 관심을 가지고 지켜보아야 한다고 덧붙였다.

이러한 정조의 인재관 덕분에 정계에 입문할 수 있었던 이들이 바로 이덕무, 박제가, 서이수, 유득공 등이었다. 이들은 실력이 출중했음에도 모두 반쪽짜리 양반이라고 무시당하던 서얼이었기 때문에 벼슬길이 막혀 있었다. 하지만 정조는 오로지 그들의 능력과 잠재력만 보고 규장각에 그들을 배치했다.

이들은 정조 대 싱크탱크라고 불렸던 규장각의 초대 검서관으로 등용되어 당대 문화 발전에 지대한 영향을 끼쳤다. 이덕무는 '간서치看書痴(책만 읽는 바보)'라 불릴 정도로 박학다식의 대명사였으며, 박제가는 청의 새로운 문물에 대한 다양한 이해를 바탕으로 북학파의 스승으로 불렸다. 유득공은 『발해고渤海考』를 통해 잊혔던 발해를 우리나라 역사에 편입시키고 발해사의 중요성을 알린 선구자적인 역할을 했다. 서

〈규장각〉(국립중앙박물관 소장)

정조가 영조의 글을 봉안하기 위해 1776년에 창건한 규장각의 전경을 그린 그림으로, 김홍도가 32세 때 그렸다. 규장각이라는 명칭은 앞선 왕 때도 사용했기 때문에, 정조는 『중용』에 나오는 '계지술사繼志述事'를 실현하기 위해 규장각을 설치한다고 천명했다. 처음에 규장각은 왕실 도서관으로 기능하다가 점차 『일성록』 편찬과 초계문신제 담당 등 정조의 개혁 정치를 뒷받침하는 중심 기구로 자리 잡아갔다.

이수는 규장각의 외각인 교서관의 검서관으로 일했는데, 검서관은 관료들이 보는 서적을 검토하고 필사해야 했기에 폭넓은 학식을 갖추어야 했다.

온갖 인맥과 학맥 등을 동원해 연줄 잡기에 급급한 지금의 세태를 되돌아봤을 때, 정조의 인재 등용 방식은 많은 시사점을 준다. 그리고 세상에 쓸모없는 사람은 아무도 없다. 자신에게 맞지 않는 옷을 입고 입거나 기회가 없었던 것일지도 모른다. 그러니 모름지기 지도자는 인재를 적재적소에 배치할 수 있는 탁월한 안목을 가지고 있어야 한다.

세손 시절에 그린
정치적 이상

국왕의 뒤를 이을 세자로 책봉되면 세자의 거처는 동궁東宮으로 옮겨지고 그때부터 세자는 최고의 왕이 되기 위해 제왕학을 익혔다. 또한 후사를 이어야 하므로 궁궐의 '떠오르는 태양'과 같은 동쪽을 생활공간으로 지정했다. 그래서 이름도 '동궁' 혹은 '춘궁春宮'이라 불러 만물의 시작과 세자의 삶을 동일시했다.

정조는 세자였던 아버지가 세상을 떠나면서 갑자기 왕세손으로 책봉되었다. 그런 정조에게 왕세손의 자리는 정치적 모략으로 억울하게 삶을 등진 아버지의 한이 담긴 자리였다.

그래서 보통 세자들의 삶은 따스한 봄날의 하루로 연결되지만, 정조에게 세자의 삶은 서릿발 가득한 차가운 봄날의 연속이었다. 그런 그에게 따뜻한 봄날을 안겨준 이가 있었는데 바로 담헌 홍대용이었다.

홍대용은 18세기 실학파의 시작을 알렸던 인물로 북학파의 절대 스승과도 같은 존재였다. 1765년(영조 41) 작은아버지인 홍억이 청나라로 가는 사신인 연행사의 서장관으로 임명되자 홍대용은 수행 군관, 즉 개인 비서 격으로 동행하게

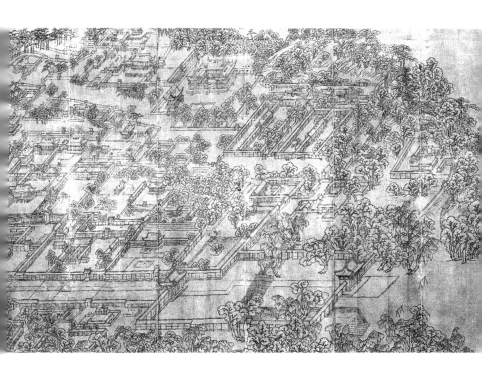

〈서궐도안〉(고려대학교박물관 소장)

경희궁의 본래 이름은 경덕궁이었으나, 원종의 시호인 경덕과 음이 같아 1760년 (영조 36) 경희궁으로 바꾸었다. 본궁인 경복궁 서쪽에 위치해 있어서 '서궐'로도 불린다. 정조는 1761년(영조 37) 경희궁 경현당에서 관례를 치렀으며 이곳에서 신하들의 조하를 받아 대리청정을 했다. 정조는 세손 시절과 즉위 직후에 경희궁 존현각에서 주로 생활하며 당시 당면한 정치적 상황을 기록으로 남겨놓았는데 그것이 바로 『존현각일기』다.

되었다. 홍대용은 3개월간 청나라의 속살을 제대로 들여다보고 왔기에 그 누구보다 청나라의 문물을 잘 알고 있었다. 또한 청나라에 가기 전부터 수학이나 천체물리학 등 다양한 서양 학문을 접하고 나름 조선만의 새로운 사유체계를 정립하고 있었기에 연행사와의 동행은 북학에 대한 새로운 가능성을 체험하는 자리이기도 했다. 그런 그가 정조를 가르쳤기에 훗날 정조가 북학을 긍정적으로 받아들이고 이를 바탕으로 국가정책을 수립할 수 있었으리라.

서연書筵은 대화식 수업으로 진행되었다. 정조는 '호학군주好學君主'라 불릴 정도로 학문에 깊은 뜻이 있었기에 홍대용과의 대화는 그 자체만으로도 배움에 대한 갈증을 풀어주기 충분했다. 특히 홍대용이 연경에서 보고 듣고 체험한 이야기를 하나하나 풀어주면 세손이었던 정조는 눈을 반짝거리며 깊이 빠져들었다.

그 이야기들의 핵심은 '개혁'이었다. 홍대용은 청나라에서 보고 느낀 것 중에서 놀고먹는 사람을 줄이고 생산하는 자를 늘리는 사회 운영 방식에 대해서 조리 있게 설명했다. 정조는 이 이야기를 들으면서 당시 조선을 좀먹던 과거제도, 신분제도, 관료제도에 대한 개혁의 청사진을 그리기 시작했다.

자연 또한 봄날에 따스한 햇살과 양분을 충분히 머금어야 여름의 신록과 가을의 풍성한 수확을 기대할 수 있다. 다행히도 정조는 홍대용 덕분에 봄날과 같은 세손 시절을 잘 통과할 수 있었고, 그 덕분에 훗날 조선 후기 가장 화려했던 문예 부흥을 열어젖히고 사회발전을 이룩할 수 있었다.

우리도 좋은 스승을 찾을 수 있도록 작은 이야기에 귀를 기울여보자. 아니면 좋은 책을 스승 삼아 의미 있는 봄날을 펼쳐보자. 혹시 누가 알까. 그 배움의 과정에서 자신의 삶을 송두리째 바꿀 수 있는 소중한 인연을 만날지도 모른다. 두드리지 않으면 열리지 않는다. 한번 지나가면 두 번 다시 오지 않는 우리 인생의 봄날을 함께 두드려보자.

군주의 조건

18세기 가장 의미 있는 인연을 들자면 단연코 정조와 정약용의 만남일 것이다. 정조가 꿈꾼 개혁 정치의 밑그림에 가장 선명한 색을 입혀준 신하가 바로 정약용이었다. 그래서 어떤 사람은 두 사람의 관계를, 용이 바람과 구름을 만나 기운을 얻는 것처럼, 슬기롭게 임금과 어진 재상의 인연이 맺어지는 '풍운지회風雲之會'라 말하기도 한다. 어진 임금과 총명한 신하가 만나면 세상을 풍요롭게 만들기 위해 힘을 보탤 뿐만 아니라, 가뭄을 해갈해주는 단비처럼 백성들의 고단함을 풀어주기 위해 그들의 말에 귀를 기울인다.

정약용을 향한 정조의 사랑과 관심은 지극했다. 다양한 실무를 통해 정약용이 '새로운 조선'의 재상으로 거듭날 수 있도록 온갖 정성을 쏟았다. 하지만 그렇다고 해서 두 사람의 뜻이 언제나 맞아떨어진 것은 아니었다.

정조는 외로운 군주였다. 주변에는 아버지를 죽음에 이르게 한 집권 세력들이 가득했고, 군권마저 마음대로 움직일 수 없는 상황이었다. 그래서 '초계문신제'라는 새로운 형태의 관리 교육제도를 만들어 친위 세력을 키우려 했다.

초계문신제는 과거시험에 합격한 참상관, 참하관 중에서 37세 이하의 젊은 문신들을 선발해 40세가 될 때까지 재교육하는 것이다. 당연히 이들은 정조가 구현하려는 정치적 이상향에 부합해야 했다. 1781년(정조 5)에 마련된 초계문신제는 정조가 세상을 떠나는 1800년(정조 24)까지 총 10회에 걸쳐 실시되었으며, 이를 통해 선발된 인원은 총 138명이었다.

정약용은 1789년에 초계문신으로 선발되었다. 처음에 그는 태평성대에 좋은 인재를 선발해 교육하는 이 제도가 훌륭한 것이라고 여겼다. 그러나 시간이 흐르면서 정조의 정치적 의도가 자연스럽게 표출되자, 이에 대해 반발했다. 정약용은 과거시험을 통과한 뛰어난 인재들을 다시 시험하고 점수를 매기는 것은 불합리하다고 주장했다.

특히 국왕이 친림한 가운데 구술시험을 중심으로 시험을 치렀기에 담이 약한 사람들은 등줄기에 식은땀이 줄줄 흐를 만큼 곤욕스러워했다. 심지어 시험 결과에 따라 어린아이 다루듯 매질을 당해서 민망한 상황이 연출되기까지 했다.

정약용은 국왕이 신하들을 굴복시켜 자신의 뜻을 강제로 주입하면 국가 발전에 아무런 도움도 되지 않는다고 생각했다. 절대적인 힘을 가진 자가 국가 발전을 명분으로 개인의 사상적 자유를 침해하고 억누른다면 그것은 오히려 독이 될 가능성이 높아지기 때문에 초계문신제를 아예 없애버리자고 주장했다.

정조를 조선 후기 개혁 군주라 평가하지만, 반대로 지나치게 상대방을 가르치려 들었기에 많은 한계가 드러난 군주이기도 하다. 정조의 이 같은 태도 때문에 신하들이 정책에 대해 수동적인 자세를 취해 활발한 토론과 창의적인 발상의 전환을 이루어낼 수 없었다. 매사 불여튼튼이라고 꼼꼼하게 정책과 백성을 살피는 것도 좋지만, 군주는 신하들과 너무 가깝지도 멀지도 않은 관계여야만 안정적인 국정 운영이 가능한 것이다.

이는 비단 과거의 일만이 아니다. 지도자가 지나치게 꼼꼼하면 그를 따르는 사람들이 피곤해진다. 일정 정도의 자유로운 토론의 장을 펼쳐주어야 그들도 숨을 쉴 수가 있다. 반대로 지도자가 아랫사람들의 말만 믿고 모든 일을 처리한다면 그것은 더 심각한 상황을 초래한다. 아무리 똑똑한 지도자라도 남의 머리를 달고 조직을 운영한다면 그 모습만으로도 충분히 괴물이다. 그래서 지도자의 길이 어렵고도 험한 것이다.

세종과 정조,
수성과 공성의 리더십

『무예도보통지』「병기총서」를 보면 세종 대의 군사 업적 시작
을 다음과 같이 기록하고 있다.

> 1418년(세종 즉위년)에 궁궐의 방위 태세를 확립하기 위해 취각
> 령吹角令을 제정했다.

쉽게 말해, 궁궐 안에서 역적모의를 비롯한 군사 반란의
조짐이 포착될 경우에 상황을 빠르게 전달하기 위해 뿔로 된
나팔(각)을 쓰겠다는 것이다.

만약 각이 울려 퍼지면, 곧바로 병조에서 응답하는 신호
를 보내고, 궁궐 안에 있던 문무관 전원은 갑주甲冑와 무기로 완

전무장 한 뒤 국왕 앞에 도열해 결전을 준비해야 한다. 그리고 군사들은 궁궐의 모든 문을 통제했는데 이는 적을 무력화시키려는 의도였다.

지금도 경복궁이나 창덕궁 안으로 들어가려면 수많은 문을 통과해야 한다. 수문장이 지키고 있는 광화문 같은 정문을 시작으로 왕의 침전까지 가려면 대략 10개의 문을 지나야 한다. 그래서 깊고 깊은 '구중궁궐'이라는 말을 하는 것이다.

널리 알려졌다시피 태종은 스스로 상왕으로 물러났지만 군사권과 외교권, 인사권은 여전히 본인이 쥐고 있었다. 태종이 누구인가? 바로 무시무시한 이방원이다. 태조 이성계의 다섯째 아들로 왕위에 오르기 위해 형제를 모조리 죽이고, 개국공신이자 조선을 설계한 정도전도 가차 없이 한 칼에 날려버린 피도 눈물도 없는 무서운 군주였다.

그런데 강하게 한 부분을 찍어 누르면 다른 부분이 솟아오르는 법이다. 무예를 익히며 전장을 누빈 무인들은 상왕인 태종의 눈치를 조심스레 살피며 힘을 키워나가려 했다. 그러나 태종은 이미 그들의 속내를 알아차렸기에 왕세자 시절인 정종 대에 사병 제도를 혁파했으며, 즉위한 이후에는 무과를 도입함으로써 무인들의 세력화를 차단했다.

국정을 운영하는 데 고려와 조선의 가장 큰 차이는 무과였다. 고려시대에는 시험을 치르지 않고 자신의 무예 능력이나 집안의 배경을 이용해 무관직에 올랐다. 그러나 조선시대에는 문과와 무과를 통과해야 관료가 될 수 있었다. 그것이 조선을 상징하는 문반과 무반, 즉 양반이 되는 길이었다.

그런데 무과에서 시험을 주관한 시관試官을 '좌주座主'라 칭하고, 그 시험에서 합격한 급제자를 '문생門生'이라 하면서 당파를 이루는 등 정치적 관계로 발전하자 1410년(태종 10) 태종은 시관 자체를 없애버렸다. 그 대신 병조, 의흥부, 훈련관이 공동으로 무과를 관리하게 하고 최종 합격자 발표 전에 직접 검열했다. 태종은 마상 무예를 비롯한 여러 무예에 능통했기 때문에 감독관으로서 시험을 참관하기까지 했다.

이런 사람을 아버지로 둔 이가 바로 세종이었다. 태종은 새로운 왕조인 조선이 수백 년 동안 서 있는 아름드리나무처럼 오래 성장할 수 있도록 형제들을 죽이면서까지 나라의 기초를 닦았다. 그리고 아들인 세종이 어려워하고 두려워하고 더러워하고 고통스러워하는 그 모든 일을 해결해주기 위해 칼을 뽑아 휘두르며 자신의 손에만 피를 묻혔다. 그래서 세종의 리더십을 '수성守城의 리더십'이라고 한다. 아버지인 태종의 유업을 이어받아 조선이라는 국가를 오래도록 보전해야 하는 것이 그의 가장 큰 숙명이었기 때문이다.

그렇다면 세종에 비견되는 정조는 어떤 리더십을 발휘했을까? 우선 그의 아버지는 역적의 신분으로 죽은 사도세자다. 그것도 아버지 영조의 명령으로 뒤주 속에 갇혀서 8일 동안 물 한 모금, 밥 한 숟가락도 먹지 못하고 뜨겁던 여름날에 굶어 죽었다. 이 사건이 바로 '임오화변'으로, 임오년(1762년, 영조 38)에 일어난 참혹한 비극이라는 뜻에서 이런 이름이 붙여졌다.

이후 노론은 '죄인의 아들은 왕이 될 수 없다'는 논리를 내세웠고, 이에 영조는 세손이었던 정조를 사도세자의 이복형인 효장세자의 양자로 삼는다고 발표했다. 정조는 할아버지 영조의 호적 세탁을 통해 졸지에 아버지를 빼앗겼지만, 생부는 결코 바뀔 수 없는 법이다. 그의 몸속에는 사도세자의 피가 흐르고 있었다. 정조는 왕위에 오른 뒤 자신이 사도세자의 아들임을 천명했다.

> 아! 과인은 사도세자의 아들이다. 선대왕께서 종통宗統의 중요함을 위하여 나에게 효장세자를 이어받도록 명하셨거니와, 아! 전일에 선대왕께 올린 글에서 '근본을 둘로 하지 않는 것'에 관한 나의 뜻을 크게 볼 수 있었을 것이다.
>
> -『정조실록』, 1776년(정조 즉위년)

그러니 정조는 죄인의 아들이라는 정통성에 대한 시비를 막기 위해 왕권을 키워야만 했다. 다시 말해, 세종의 아버지가 모든 것을 가능하게 한 절대 군주적 능력자였다면, 정조의 아버지는 모든 비난의 근원이 될 죄인 그 자체였다. 그래서 정조는 수성이 아닌 '공성攻城의 리더십'을 키웠다. 당대 최고의 기득권이었던 노론과의 싸움에서 이겨야만 왕으로서 제대로 된 길을 걸을 수 있었기 때문이다.

따라서 기존 정치권력에 대한 처절한 공성전의 입장에서 보면, 정조 시대의 다양한 정치적 사건들이 새롭게 보이기 시작한다. 세종이 펼친 수성의 리더십이 신하들을 뒤에서 밀며 돕는 방식이었다면, 정조의 공성의 리더십은 앞에서 끌어당기는 방식이었다.

왕실 도서관이자 세종과 정조의 정책 수행의 핵심 기관이었던 집현전과 규장각의 운영 방식에서도 이러한 그들의 리더십이 그대로 드러난다. 세종이 집현전 학사들과 친구처럼 지내는 것을 즐기는 군주였다면, 정조는 규장각의 각신들을 스승처럼 지휘했다. 세종은 엄격한 아버지로 인해 친구 같은 편안한 존재가 필요했고, 정조는 사제지간처럼 신뢰가 담긴 존재가 필요했기 때문이다. 그렇게 세종은 집현전에서, 정조는 규장각에서 신하들과 함께 각자의 색깔에 맞게 새로운 세상을 그렸다.

집현전 학사들이 세조 때 단종 복위를 꾀하며 목숨까지 기꺼이 내놓았던 까닭도 세종의 이러한 리더십이 작용했으리라. 한편 『무예도보통지』 편찬의 실질적인 목적도 정조의 공성의 리더십의 발로였다. 왜냐하면 사도세자가 남긴 유업인 『무예신보武藝新譜』를 계승하는 작업이었기 때문이다.

2장

『무예도보통지』를 만든 사람들

쉼 없이 변하는 국제 정세

누구나 처해진 상황은 다르다. 그리고 상황은 변화하게 마련이다. 변화에 적응하지 못하거나 변화를 억지로 만들려고 하면 탈이 나기 때문에 그 과정에서 가장 중요한 것은 마음을 살피고 항심恒心을 갖는 것이다. 바람이 불면 흔들리고 비가 오면 젖겠지만, 다시 햇살이 비추면 두 팔을 벌려 맞이하는 것이다.

대내외적인 변화에 가장 기민하게 대처해야 하는 곳이 군대다. 만약 적군의 전술이 바뀌었는데, 그 전술을 이해하지 못하면 제대로 된 전투를 치를 수 없다. 임진왜란이 그 대표적인 예다.

조선군은 개국 초기부터 북방의 여진족을 주적으로 규정하고 그에 대한 대비책으로 기병을 강화하는 전술 편제를 구축했다. 세종 때 4군 6진을 개척하며 영토 확장을 꿈꿀 때도 기병 중심의 오위진법伍衛陣法으로 작전을 수행했다.

심지어 1510년(중종 5) 삼포왜란을 비롯해 1555년(명종 10) 을묘왜란이 발생했을 때에도 조선군은 기병을 주력으로 왜구를 방어했다. 배를 타고 들어온 왜구가 육지로 상륙했을 때, 기병들이 빠르게 추격해 소수 병력으로 각개격파하는 방법이 효율적이었기 때문이다.

하지만 임진왜란은 달랐다. 규모와 적의 진군 속도 모두 이전의 전투와 근본적으로 달랐다. 조선 땅 전체가 전란에 휩싸일 정도였으며 10만 명 이상의 왜군들이 부산포를 기점으로 순식간에 북상했다. 험준한 조령을 버리고 탄금대전투를 이끈 신립도 기병 전술에 모든 것을 쏟았기에 비극적인 죽음을 맞이할 수밖에 없었다.

임진왜란 당시 일본은 원사 무기로 개인 화기인 조총을 활용했고, 근접 무기로 왜검과 장창을 전면에 내세우며 조선군의 기병 전술을 깨뜨리는 새로운 전법을 시도했다. 그 결과 개전한 지 불과 20일 만에 한양을 함락시키고 경복궁을 불태

웠다.

이에 조선은 전술적 한계를 극복하기 위해 훈련도감을 급하게 설치했다. 훈련도감에서 운용했던 새로운 전술은 삼수병三手兵 체제, 즉 포수砲手, 사수射手, 살수殺手를 함께 훈련시키는 것이었다. 지방군도 속오군束伍軍이라는 이름으로 삼수병 체제로 전환해 전술 변화를 이끌어냈다.

그러나 왜군에 대항하기 위해 변경했던 보병 중심의 전술 변화는 병자호란을 거치며 또다시 무너졌다. 청나라는 근접 보병보다는 빠른 속도전을 중심으로 한 기병 전술 체제를 유지했기 때문이다. 실제로 인조가 남한산성에 고립되었던 결정적인 이유 중 하나도 청나라 선봉 기병의 빠른 남하 속도를 당해내지 못해서였다. 인조는 강화도로 피란을 가려고 했지만 이미 적 기병이 현재의 서울 불광동 지역까지 내려온 상태였기에 강화도의 반대 반향인 남한산성으로 도망치듯 떠났다.

조선군은 또다시 기병 전술을 보완해야 했다. 그 결과로 훈련도감과 금위영, 어영청을 비롯한 도성 방위의 핵심 군영뿐만 아니라 지방 속오군의 훈련법을 통일하고 누구나 쉽게 무예를 익힐 수 있도록 『무예도보통지』를 펴냈다. 그래서 무예 동작의 자세한 설명은 기본이고, 해당 무예를 익히기 위한 무기를 만드는 재원과 그 무예의 역사적 의미까지도 모조

〈북일영도〉(고려대학교박물관 소장)

조선군은 임진왜란 당시 왜군의 조총에 고전을 면하지 못하자 이에 대한 대비책으로 임시 기관인 훈련도감을 창설했다. 하지만 전쟁이 끝난 뒤에도 훈련도감이 한양의 경비를 담당하게 되면서 중앙군의 핵심으로 자리 잡았다. 훈련도감은 도성 안팎에 다섯 곳의 분영을 유지했으며 그중 하나가 북일영이다.

리 한곳에 모아놓은 것이다. 서문에 정조가 '이 책을 한 번만 폈다 하면 무예의 신묘한 작동법을 스스로 깨달을 수 있을 정도'라고 한 것은 빈말이 아니었다.

『청장관전서靑莊館全書』에 이덕무가『무예도보통지』와 관련해 정조에게 올린 글 가운데 이런 내용이 있다.

> 무릇 사자가 공을 희롱하며 이리저리 뛰고 자빠지고 엎어지기를 하루 종일 쉬지 않는다고 합니다. 코끼리를 잡을 때나 토끼를 잡을 때도 모두 전력을 다하는 것은 공놀이와 같은 끊임없는 추진력 때문입니다. 왜인들은 한가할 때 방 앞에 짚으로 만든 베개 같은 것을 놓고 목도木刀를 잡고 틈날 때마다 쳐서 그 세법과 기법을 수련하니 어찌 신묘한 칼 쓰는 솜씨를 얻지 못하겠습니까?
>
> — 『청장관전서』 권24, 편서잡고4

맹수인 사자가 하루 종일 공을 가지고 이리저리 굴러다니며 노는 것은 단순한 놀이에 그치지 않는 것이다. 그 놀이를 통해 호흡을 가다듬고 근육과 관절을 강화해 실제 사냥에서 전력을 다할 수 있기 때문이다. 그래서 무예 수련은 놀이로 발전하기도 하고, 놀이가 현대화된 스포츠로 안착되기도 한다. 반대로 겨루는 놀이가 발전해 맨손 무예인 권법으로 체계화되기도 한다. 어쨌거나 그것의 본질은 모두 항심을 가지고 즐기며 몸을 자유롭게 만드는 것이다.

특히 일본 무사들은 한가할 때 목검을 가지고 짚 베개를 치면서 섬세한 검술 훈련을 한다고 주지했다. 그 덕분에 임진왜란 당시 왜군의 날카로운 검술이 완성될 수 있었다. 당시 조선군은 칼집에서 칼조차 뽑지 못해 그 자리에서 도륙당했다는 기록도 있다.

'유비무환有備無患'을 율곡 이이가 이야기했던 '십만양병설十萬養兵說'과 같은 거대한 담론으로만 받아들일 필요는 없다. 내려 베기 한 번, 발차기 한 번을 하더라도 혼신의 힘을 다해 제 몸속에서 풀어가는 것부터 시작하면 된다. 현대의 군이라면 작은 소총으로 발사하는 작은 탄환 하나부터 전차의 포신을 통해 발사하는 육중한 포탄 한 발에 온 신경을 집중해 훈련하면 그만이다. 그런 작은 마음들이 모여 '무비武備'가 안정되는 것이다.

간서치 이덕무

청장관 이덕무는 서얼로 태어난 탓에 제대로 인정받지 못하다가 정조를 만나 인생을 꽃피운 인물이다. 특히『무예도보통지』를 편찬할 때 중국의 각종 병법서는 물론이고 일본의 무예서까지 직접 살피는 등 철저한 고증과 해박한 지식을 자랑했다.

이덕무의 별명은 '간서치'였다. 스스로를 오직 책만 읽는 바보라고 부른 것이다. 그의 문집인『청장관전서』를 보면, 마치 제3자의 눈으로 자신을 소개한 글이 있다. 그 글의 제목은 '책만 읽는 바보의 이야기'라는 뜻의「간서치전看書痴傳」이다.

이덕무는 방 안에서 해의 움직임에 따라 책을 읽을 정도로 손에서 책을 놓지 않고 늘 글을 가까이했다. 책 읽는 즐거움으로 추위와 배고픔까지도 잊을 정도였다고 하니 학문에 대한 열정이 남달랐음을 짐작할 수 있다.

그 소문은 저잣거리를 넘어 정조의 귀에까지 들어갔다. 주변에 좋은 인재를 찾기 위해 애를 썼던 정조는 자연스레 이덕무와 그의 친구들에게 눈길이 갔다. 그들이 바로 북학파로 불렸던 이들로 청나라의 문물을 직접 체험하며 조선의 문화 발전에 애를 썼다. 그중 무예에 뛰어난 이가 『무예도보통지』의 무예 실기 고증을 담당했던 백동수였고, 이덕무와는 처남 매부 간이었다. 백동수의 누나와 이덕무가 혼례를 올렸기에 자연스레 이덕무의 친구들과 백동수가 한자리에 어울렸다.

그들이 만났던 장소는 탑골공원으로 알려진 원각사지 10층 석탑 주변이었다. 이 석탑은 지금은 자동차 매연을 비롯한 공해로 검은 그을음이 앉아 있지만, 그때만 해도 하얀색이었다. 그래서 이들을 '백탑파白塔派'라고 불렸다. 얽히고설킨 인생들이지만, 대부분 '서얼'이라는 신분적 한계 속에서도 북학이라는 신학문을 공부하고 토론하며 미래를 꿈꾸었다.

그중 이덕무는 정조의 눈에 쏙 들었다. 이덕무가 책을 사랑하고 백과사전을 능가하는 박학다식이어서 몇 마디만 나

〈탑동연첩〉(서울역사박물관 소장)

저 멀리 흰색의 원각사지 10층 석탑이 보인다. 18세기에 탑골 부근에 살던 연암 박지원을 비롯해 이덕무, 박제가, 홍대용 등 서얼 출신의 북학파 지식인들이 교유하며 '백탑파'를 형성했다. 이들이 꿈꾸었던 새로운 조선은 정조의 죽음으로 완성되지 못했지만, 그들의 진보적인 사상은 19세기 개화파 지식인들에게 영향을 미쳤다.

누었을지라도 마음에 새길 정도였다. 그렇게 이덕무는 정조가 만든 학문 발전 기관인 규장각의 검서관이 되었다. 규장각은 1776년(정조 즉위년) 9월에 정조가 즉위와 동시에 세운 문치文治의 상징이었다. 그리고 검서관은 그곳에서 중추적인 역할을 했다.

1779년(정조 3) 3월, 정조는 검서관이라는 새로운 제도를 마련하고 인재를 살폈다. 아니 이덕무를 비롯해 뛰어난 실력을 가진 서얼들을 발탁하기 위해 검서관이라는 제도를 만든 것이다. 그렇게 반쪽짜리 양반인 서얼 중에서 문예가 뛰어났던 네 명이 발탁되었다.

정조 대 새롭게 만들어진 법전인 『대전통편』을 보면 '검서관은 네 명으로, 5품 참외직이다'라고 되어 있다. 과거시험에서 장원급제를 해도 6품인데, 규장각 검서관이 5품 대우를 받는 것은 엄청난 일이었다. 그렇게 1779년 6월, 초대 검서관에 선임된 이들은 당대 최고의 학자로 소문났던 이덕무, 유득공, 박제가, 서이수였다. 그들 가운데 이덕무가 39세로 나이가 가장 많았고, 유득공이 31세, 서이수가 30세, 박제가가 29세로 세 사람은 또래였다.

검서관의 임기는 30개월이었다. 그런데 임기가 만료되면 규장각에서 모두 나가는 것이 아니었다. 그중 두 명을 홍문관

에서 임의로 선발해 겸검서관兼檢書官에 임명하고 서반 체아
직遞兒職을 제수했다. 특히 겸검서관은 정원 제한이 없어 그
숫자를 계속 늘려갈 수 있었다. 그렇게 서얼이라는 신분적 한
계를 품은 검서관들의 지위를 보장한 것이다.

그런데 검사관들이 정조의 꿈을 좇아가기에는 일이 너무
힘들었다. 『일성록』을 살펴보면, 1790년(정조 14) 6월부터
이덕무는 하루가 멀다 하고 숙직을 서며 일을 처리했다. 이덕
무는 주변에서 '겨우 몸이나 지탱할 정도로 몸집이 가냘팠다'
라고 언급할 정도로 체력이 약했다. 하지만 그는 국왕이 내려
준 좋은 벼슬이 과거급제와 다를 바가 없다며 열심히 일했다.

이덕무는 일을 하다가 힘이 들 때면 규장각에 있는 수많
은 책을 읽으며 쉬곤 했다. 그 덕분에 마음은 부유해졌지만,
가난의 사슬은 끊어내지 못했다. 오죽하면 자신이 읽던 『맹
자』 일곱 권을 팔아 밥을 배부르게 먹은 뒤 그 소식을 유득공
에게 자랑했을 정도였다.

그렇게 정조의 학문적 세계를 열심히 돕던 이덕무가 과
로사했다. 1793년 정월 25일 아침이었다. 51세라는 결코 길
지 않은, 책만 읽던 바보의 삶이 끝났다. 정조는 1795년 4월
에 이덕무의 아들 이광규를 검서관에 특별히 차임하도록 했
고, 규장각에서 보관해둔 돈 500냥을 내려 이덕무의 문집을

간행할 수 있도록 도움을 주었다. 그 덕분에 33책 71책이라는 방대한 양의 이덕무의 문집인 『청장관전서』가 완성될 수 있었다. 아쉬운 점은 문집이 모두 전하지 않는다는 것과 이덕무가 학문적 성취가 절정을 맞이하기 전인 30세 이전에 쓴 글들이 대부분이라는 것이다. 그가 30세를 넘어서 쓴 글들도 있지만 대부분 학술적 성격을 띠고 있으며, 검서관으로 출사한 후에는 대개 정조의 명으로 편찬한 책들이다. 한편 이덕무의 손자인 이규경은 이러한 가학을 이어 『오주연문장전산고伍洲衍文長箋散稿』라는 방대한 백과사전을 펴냈다.

무예의 달인 백동수

시절이 하 수상하면 사람이 그립다. 좋은 사람들이 모여 좋은 일을 펼치면 좋은 세상이 열리기 마련이다. 조선시대에도 그 랬다. 왕이 좋은 인재를 모아 좋은 정책을 펼치면 백성들의 세상살이가 좋아졌다. 그런데 그렇게 좋은 세상은 만들기가 어렵다. 사람 귀한 줄 모르면 어느 시대든 피곤한 건 매한가 지였다.

정조는 즉위한 해인 1776년에 『병학통』이라는 진법서를 편찬하기 시작했다. 중앙 군영인 오군영 군사들의 군사훈련 의 규범으로 사용하기 위해서였다. 그런데 훈련을 하려고 보니 군사들의 무예가 제각각이었다. 그래서 자연스럽게 군사 무예를 통일화하는 작업으로 이어졌다. 그 작업 끝에 만든 결과물이 『무예도보통지』였다.

그때 무예 실기를 담당했던 무인이 바로 야뇌野餒 백동수였다. 야뇌는 백동수를 가장 잘 표현한 호였다. 거친 황야에서 굶주리더라도 자신의 의지를 굽히지 않는 사람이라는 뜻이다. 그의 또 다른 호인 '인재靭齋'와도 맥이 닿아 있다. 질기고도 질긴…… . 한마디로 백동수는 '야인'이며 '뇌인'이었다.

그런데 어찌 보면 슬픈 당대의 현실을 반영하고 있는 듯하다. 반쪽짜리 양반인 서얼로서의 설움은 죽어서도 잊히지 않았을 것이다. 백동수의 증조부는 함경도, 황해도, 평안도 병마절도사를 지낸 이름난 장수 백시구였다. 조부는 백상화인데, 서자였다. 당연히 그의 아버지인 백사굉도 서자였고, 백동수도 마찬가지였다. 신분은 대물림되는 것이었고, 그 속박은 자연스레 백동수에게 '야뇌'를 품게 만들었다.

백동수는 29세가 되던 1771년(영조 47)에 식년 무과에 합격했다. 그렇게 무과 합격증을 손에 쥔 그는 출사할 날을 기다렸지만, 세상은 기회를 주지 않았다. 그래서 백동수는 가족과 함께 강원도 인제의 기린협으로 조용히 떠났다.

그런 백동수를 세상 밖으로 꺼내준 사람이 바로 정조였

〈장용영 본영도형〉(한국학중앙연구원 소장)

장용영은 정조의 친위 부대로 크게 내영과 외영으로 나뉜다. 내영은 한양을, 외영은 수원화성을 담당했다. 1788년(정조 12), 정조는 백동수를 장용영의 창검초관에 임명한 뒤 장용영 무사들에게 무예를 지도하는 일을 맡겼다.

다. 물론 백동수의 매부인 이덕무의 진심 어린 인재 천거가 한몫했을 것이다. 백동수는 맨손 무예는 물론이고 창검을 비롯한 무기술 능력이 뛰어나 '창검초관槍劍哨官'이라는 특수직 군관에 임명되었다. 그렇게 백동수는 장용영 초관이 되어 『무예도보통지』 작업에 동참했다.

정조는 백동수와 그의 벗들인 박제가와 이덕무에게, '무예도보통지'라는 이름을 먼저 지어주고 군사들이 익혀야 할 모든 군사 무예를 담은 무예서 작업을 지시했다. 그 덕분에 그동안 훈련도감에서만 작업했던 병서를 정조의 친위 부대인 장용영에서 만들게 되었다. 백동수는 장용영 내에 임시 조직인 서국書局을 설치해 『무예도보통지』를 만들기 시작했다. 정조가 규장각에 보관되어 있던 병법서 20여 부를 직접 내려준 덕분에 작업에 박차를 가하게 되었다. 백동수와 이덕무는 규장각의 기밀 도서로 분류된 비서秘書까지 열람할 수 있는 권한을 부여받았다.

백동수는 가장 먼저 범례 작업에 착수했다. 일종의 기준선을 만들었던 것이다. 중국이나 일본의 무예서를 능가하는 조선만의 독보적인 무예서 탄생을 알리는 순간이었다. 백동수와 그의 벗들은 기존 무예서들의 한계점을 보완하기 위해 모두 20가지의 범례를 정했다.

그중 가장 눈에 띄는 것이 총도總圖다. 기존에는 낱개의 자세에 대한 그림 설명만 존재했으며, 설명도 매우 복잡한 데다가 어려운 한문으로 되어 있었다. 그 반면에『무예도보통지』에는 각 무예마다 전체를 한눈에 쉽게 익힐 수 있도록 작은 연결 그림을 그려놓았으며, 회전 방향과 회전수까지 매우 정교하게 써넣었다. 또한 지도를 만들 때 쓰던 '백리척百里尺' 축적법을 적용해 그림 속의 위치를 실제 거리로 환산할 수 있게 했다. 총보만 따로 묶어 갖고 다니면서 언제든지 꺼내 볼 수 있을 정도였다. 일종의 무예 수련 지도가 탄생한 것이다.

이러한 작업을 위해 백동수는 장용영에서 무예 실력이 가장 뛰어났던 군관들을 직접 훈련시켰다. 그렇게 훈련받은 이들은 '간세인看勢人'이 되었다. 그들이 백동수의 감수를 거쳐 무예 자세를 하나하나 몸으로 펼치면 궁중 화원들이 그림을 그려나갔다. 당시 간세인으로 참여했던 군관들로는 지구관知彀官 여종주와 김명숙이 있었고, 자세를 일일이 감수하며 최종 확인 도장을 찍는 감인은 별부료군관別付料軍官 김종환이 담당했다. 이들은『무예도보통지』가 완성된 이후 모두 변방의 장수로 승진했다. 그리고 이 병서의 그림 하나하나에 정성을 다한 화원들은 허감, 한종일, 김종회, 박유성과 사자관寫字官 방처정, 창준 장문엽, 김진한, 서리 장운익이었다. 또한 목판 작업을 담당한 각수 박형번 등 열여섯 명, 제각장除刻匠 김도원, 인출장印出匠 한필량 등 일곱 명, 책장冊匠 서필량 등 여덟 명, 소목장小木匠 이용기 등 두 명, 사환군使喚軍 복남 등을 비롯해 편찬에 참여한 모든 이가 상을 받았다. 그렇게 조선만의 독특한 무예서가 백동수의 몸을 통해 빛을 보았다.

지행합일의 정신을 추구하다

『무예도보통지』를 편찬할 때, 정조가 이덕무, 박제가, 백동수를 직접 불러 무예 공부를 시키면서 이렇게 설명했다.

무예에 관한 신新·구보舊譜 24목目을 너희들에게 모두 주어 상세히 연구하게 하여 '무예도보통지'라는 이름을 내려주노라. 너희들은 널리 자료를 모으고 광범위하게 고증하여 원활하도록 범례를 작성하고, 그 체제를 바로잡아야 할 것이다. 무릇 그 득실을 따져 역시 논단을 다시 하여, 그 단락이 말을 바꾸는 일이 없도록 하라. 혹시라도 의심이 들도록 꼬드기거나 어지럽게 섞이지 않게 하여 선배들의 아름다운 뜻을 더욱 드높이고 후세 사람들에게 비판받을 짓을 하지 말라.

당대 최고의 지식인으로 인정받던 이덕무와 박제가 그리고 무예의 달인 백동수에게 '선배들의 아름다운 뜻을 이어받아 후세 사람들에게 비난받지 않도록 무예에 대한 배움을 소중하게 정리하라'고 당부한 것이다. 단순히 '나'의 존재로 그치는 것이 아니라 '선배'와 '후배' 사이에서 소중한 징검다리 역할을 할 것을 강조한 것이다. 진정한 앎이란 세대와 세대를 거쳐 더 정교해지고 풍성해지는 법이다.

이렇게 정조는 '지금'의 시선이 현실에만 머무르지 않고, 과거와 미래를 연결하는 안목으로 『무예도보통지』를 편찬하라고 강조했다. '과거' 선배들이 몸으로 풀어내었던 '가치'를 온전히 풀어내야 한다는 비판의 준거기준을 이야기한 것이다. 그리고 미래의 사람들에게 '비판'받지 않도록, '지금'을 충실히 담아내야 함을 말한 것이다. 비판은 당대에 그치는 것이 아니라 과거와 현재 그리고 미래를 통합적으로 살피며 조심스럽게 접근해야 한다.

자신의 몸으로 체득한 지식이 아니라 다른 사람에게 어깨너머로 살짝 들은 이야기를 자기의 앎인 양 여기는 사람들이 있다. 나도 그리 깊은 공부를 한 것은 아니지만, 늘 조심하고 또 조심하며 경계하고 또 경계한다. '지행합일', 결코 쉽지 않은 삶의 방식이다.

비움의 철학

수원화성은 지킴의 공간이다. 성곽이라는 것이 본시 외적으로부터 백성을 지키기 위해 쌓은 것이다. 수원화성에는 국내 여타의 성곽에서는 볼 수 없는 독특한 방어 시설물이 있다. 바로 공심돈空心墩이다. 일종의 망루처럼 높다랗게 돈대를 쌓아 올려 적의 동태를 살필 수 있게 한 것이다. 특히 그 안에서 군사들이 화포를 쏘거나 숙식이 가능하도록 설계해 수원화성의 핵심 방어 시설로 인정받았다.

원래는 남공심돈, 서북공심돈, 동북공심돈, 세 개가 있었지만 현재는 남공심돈을 제외한 두 개만 남아 있다. 그중 동북공심돈은 원통형에 내부는 마치 서양 성곽을 연상시키는 나선형 계단으로 되어 있어서 '소라각'이라는 별칭이 붙었다.

한편 서북공심돈은 정조가 수원화성에서 가장 아끼고 사랑했던 공간이다. 정조는 수원화성이 완공된 후 흐뭇한 마음으로 둘레길을 돌았다. 그리고 서북공심돈 근처에서 "공심돈은 우리 동국東國의 성제城制에서는 처음 있는 것이다. 여러 신하는 마음껏 구경하라"고 말했다. 수원화성에 대한 정조의 자부심이 담긴 일성이었다.

정조는 장안문을 지나 방화수류정에 이르러서 조그만 과녁을 설치하고 직접 화살 삼순三巡을 쏘아 삼시三矢를 맞힌 뒤 각신閣臣과 장신將臣에게 짝지어 활을 쏘라고 명했다. 이에 이 모습을 구경하기 위해 백성들이 구름처럼 몰려들었다. 그러자 정조는 수원부 유수 조심태에게 명해, 그들 중에 활 잘 쏘는 자를 뽑아서 실력을 시험한 뒤 1등한 사람에게 무과 시험의 최종 시험인 전시를 볼 수 있는 자격을 주고 풍악을 내려보냈다. 백성들과 함께 기쁨을 나누고자 했던 것이다. 그리고 그 기쁜 마음을 모두 모아 밤에는 화성 전역에서 군사들과 백성들이 군사훈련을 진행했다. 이른바 야간 군사훈련인 '야조夜操'였다.

서북공심돈은 화성의 서쪽으로 통하는 화서문과 인접해

수원화성에서만 볼 수 있는 서북공심돈

1796년(정조 20)에 건립되었으며 화서문 옆에 위치해 있다. 삼면에서 적들을 공격할 수 있는 구조로 되어 있으며, 하단부 성곽은 돌로 쌓고 그 위에 돈대는 벽돌로 지었다.

서 아름다움과 함께 그 위용이 지금도 대단하게 느껴질 정도다. 아마도 이런 이유로 수원시 심벌마크에 서북공심돈이 새겨져 있는 것은 아닐까.

서북공심돈은 외형적 모습과 기능도 매력적이지만, 나는 '공심空心'이라는 이름에 담긴 무예 철학적 가치를 말하고 싶다. 공심은 문자 그대로 해석하면, 텅 빈 마음이다. 아무런 욕심도 없고, 사량·계교·번뇌·망상도 없이 순수하고 청정한 본래의 마음을 말한다. 좀더 단순하게 설명하면, 공심은 선입관념이나 아집에 집착하지 않는 마음을 이르는 단어다. 마음을 텅 비우려면 욕심과 번뇌를 버려야 한다. 즉, 마음을 깨끗하게 비워야 한다. 공심돈은 내부가 텅 비어 있었기 때문에 사방에 구멍을 내어 불랑기佛狼機를 비롯한 다양한 화포들을 가득 채워 적을 대비할 수 있는 새로운 공간으로 거듭날 수 있었다.

어찌 보면 무예 수련에서도 가장 필요한 것이 비우고 버리는 것이다. 자신의 한계를 깨닫지 못하고 다른 사람을 이기려고 무턱대고 덤비면 헛된 욕심만 자랄 뿐이다. 그리고 그 헛된 욕심에 사로잡혀 몇 대 맞으면 번뇌가 늘어난다. 설사 운 좋게 이겼다고 할지라도 시간이 조금만 지나면 번뇌가 더 늘어난다.

호흡을 비워내지 못하면 숨결이 거칠어진다. 조금만 움직여도 숨이 금방 차 제대로 된 자세를 펼치기 어렵다. 들숨과 날숨을 자연스럽게 연결시키며 호흡을 더 깊이 끌어내렸다가 비워내는 것이 무예의 기본적인 호흡법이다. 그렇게 비워내야 참된 힘을 끌어낼 수 있는 것이다.

그리고 마음을 비우지 못하면 어깨에 힘이 들어간다. '무예 수련할 때 어깨에 힘 빼는 데에만 3년이 걸린다'는 말이 있다. 어깨에 힘이 들어가면 호흡이 위로 뜨고, 자세가 부자연스러워진다. 호흡이 위로 뜨니 당연히 몇 가지 동작만 해도 숨이 찬다. 단전 밑까지, 아니 발가락 끝까지 기운을 내려야 자세가 안정되는데 자꾸 위로만 기운이 솟구쳐 오르니 제풀에 지치는 격이 된다.

『무예도보통지』에 실린 24가지, 즉 무예 24기를 익히는 기본 수련법에도 어깨에 힘을 빼고 자유롭게 무기를 활용하는 것이 핵심이었다. 장창이나 낭선처럼 길고 무거운 무기를 휘두를 때에는 더 조심스럽게 어깨 힘을 빼고 허리 힘을 자연스럽게 풀어내야 한다.

어깨에 힘이 들어가면 칼이나 봉 등의 무기를 들어도 힘이 제대로 실리지 않는다. 무기를 휘두르더라도 힘만 몇 배로 들 뿐 실력은 늘지 않는다. 오히려 갈수록 근육은 에너지 효율성을 잃고, 관절의 부담은 더 늘어나 몸을 망치게 된다. 몸은 망가져가는 데도 바보같이 억지로 힘을 동원해서 수련을 하면 마음까지 상하게 된다. 종국에는 무예를 접게 된다.

그렇게 마음이 다치면 무예는 두 번 다시 생각하고 싶지도 않게 된다. 내 몸을 살피고 내 마음을 북돋기 위해 땀흘렸던 시간들이 너무나 아깝고 의미 없는 것이 되어버리는 것이다. 무예는 몸 공부가 기초인데, 몸 공부를 헛으로 하면 그렇게 된다.

그리 세상을 오래 살지 않았지만, 세상살이도 그런 듯하다. 나도 지금껏 어깨에 힘주며 억지로 무예를 풀어낸 시간들이 많다. 물론 지금도 힘을 빼려고 노력하고 있지만, 여전히 갈 길이 멀어 보인다. 그래도 더 좋은 사람으로, 더 진실한 무예 수련자가 되기 위해 비우고 또 비워가려 한다.

꽉 찬 잔에는 더 이상 아무것도 채울 수가 없다. 잔을 비워야 향기로운 차를 더 부을 수 있다. 그리고 그 비움을 통해서 그릇이 더 커진다. 그릇이 더 커지면, 언젠가는 그 비웠던 모든 것이 한데 모여 더 조화롭고 자연스러운 몸과 마음으로 안착된다. 그렇게 삶은 비움과 또 채움을 반복하는 것이다. 해가 뜨고 지는 것을 반복하듯이……

의술과 무술

『병학통』은 군사들의 통일된 단체 진법 훈련을 위해 1785년 (정조 9)에 완성한 진법서이고, 『무예도보통지』는 1790년에 군사 개개인들의 무예 훈련의 통일화를 위해 만든 무예서다. 이 두 병법서는 전체적인 진법의 움직임 속에서 개개인의 작은 몸 쓰임을 찾고, 군사 개개인의 세세한 몸 쓰임법을 통해 전체의 진법 움직임을 극대화할 수 있도록 상호 보완적인 역할을 했다.

『무예도보통지』를 편찬할 당시 고증을 담당했던 이덕무는 무예 안에서 전체를 살피며 세부를 정밀하게 찾아야 함을 강조했다. 그리고 이를 의술에 비유해 더욱 쉽게 설명했다.

성상(정조)께서는 겸양지덕이 있으셔서 일찍이 『병학통』에서 진법
을 움직이는 것을 논하였고, 『무예도보통지』에서는 실제로 가격하
는 기술인 기격技擊을 핵심으로 삼으셨습니다. 무릇 통한다는 것
은 명백하고 해박하다는 것입니다. 그 원리와 응용이 서로 쓰이고,
본말이 상응하고 서로 연결되어야 합니다. 병법을 논하는 자가 이
두 가지 병서를 제외하고 다른 무엇을 이용할 수 있겠습니까? 의
학에 비유한다면, 운기運氣를 검증하는 경맥經脈을 진찰하는 것은
진법이요, 초목草木과 금석金石은 무기이며, 삶고, 굽고, 썰고, 가는
것은 치고 찌르는 것입니다. 만약 의사가 '운기를 살피는 경맥을
진찰하는 큰 것만 알면 되는 것이지, 어찌 구구절절하게 약의 재료
까지 보좌하는 사람을 둘 수 있겠는가?'라고 말한다면 그는 용렬
한 의사에 불과하옵니다.

즉, 진찰처럼 사람의 전반적인 신체 상태를 두루 살피는
것이 진법이고, 몸이 아플 때 약을 써야 하는 것처럼 초목과
금석 같은 무기들이 군사들의 몸을 지킬 수 있는 약인 것이
다. 실제로 군사들은 진법 훈련을 할 때 맨몸으로 싸우는 것
이 아니라, 다양한 창검을 비롯한 무기를 들고 싸웠다.

그런데 더 재미있는 비유는 약효를 증대하기 위해 여러 약재를 쓰임에 맞게 삶고, 굽고, 썰고, 가는 다양한 방법이 있듯이, 무예의 수련법도 상황에 따라 다양하다는 것이다. 칼은 잘 베어야 하고, 창은 잘 찔러야 하고, 편곤은 잘 때려야 그 힘을 효과적으로 발현할 수 있다.

그리고 의사가 환자만 진찰하고 약재료를 다루는 일을 다른 사람에게 맡기면 용렬한 의사라고 했듯이, 군영에서 의사인 장수가 거대한 진법을 전술적으로 운영하기 위해서는 각각의 군사들이 쓰는 무기의 특성과 그 무기를 활용한 무예의 속성을 이해하고 있어야 한다. 그래야 제대로 된 전술을 펼칠 수 있다. 만약 진법의 움직임만 보고, 그것을 이루는 군사들의 무기나 무예를 신경 쓰지 않는다면 졸렬한 장수가 된다. 그 상태로 전쟁에 나가면 백전백패하게 된다. 적을 알고 나를 알아야 하는데, 적도 잘 모르고 나조차도 잘 모르면 무슨 전투를 제대로 치를 수 있겠는가.

한편 정조가 가장 즐겨보던 경서가 『중용』이다. 어느 한쪽으로 치우치지 않고 중심을 지키며 정국을 운영하겠다는 의지의 산물이었으리라. 그 책에 이런 내용이 있다.

다음으로 힘써야 할 것은 사소한 일에도 극진히 함을 말함(치곡)의 문제다. 그것은 소소한 사물에 이르기까지 모두 지극하게 정성을 다한다는 것이다. 그리하면 소소한 사물마다 모두 성誠이 있게 된다. 성이 있게 되면 그 사물의 내면의 바른 이치가 구체적으로 형상화된다. 형상화되면 그것은 외부적으로 드러나게 된다. 드러나게 되면 밝아진다. 밝아지면 움직인다. 움직이면 변變한다. 변하면 화化한다. 오직 천하의 지성이래야 능히 화할 수 있다.

— 『중용』 23장, 기차치곡장

아주 단순하게 설명하면 '작은 일에도 모든 정성을 기울여야 누군가에게 감동을 줄 수 있고, 그런 작은 정성들이 모여 나와 세상을 변하게 할 수 있다'는 내용이다. 한마디로 '지성이면 감천이다'라는 말이다.

세상 모든 사람에게 좋은 평가를 받는 것은 불가능하다. 하지만 작은 정성을 모으고, 작은 것부터 살펴 전체를 읽어나간다면 언젠가는 하늘도 그 뜻을 이해할 날이 올 것이다. 그렇게 살다보면, 세상을 떠나는 순간 부끄러움 없는 인생이었다고 말할 수 있을 것이다.

『무예도보통지』 언해본

『무예도보통지』는 한문으로 쓰였으며 모두 4권 4책이다. 그러다 보니 끊어 읽기가 없어 잘못 끊어 읽으면 말이 안 되게 해석될 때가 있다. 심지어 일본인의 이름인 '~田'이나 '~村'을 한자 그대로 '어디 밭'이나 '어느 마을'로 해석하기도 한다.

이러한 한계를 극복하기 위해 정조는 『무예도보통지』를 편찬할 때 한글본인 '언해본'의 편찬을 함께 명했다. 한문을 읽지 못하는 까막눈의 군사들도 언해는 쉽게 이해하고 풀어 낼 수 있으리라는 판단에서였다. 그 덕분에 당시 군사들은 곧잘 읽고 무예를 따라 할 수 있게 되었다.

문제는 지금 우리가 쓰는 한글과는 다른 형태이기 때문에 언해를 다시 번역해야 한다는 점이다. 같은 우리말이기 때문에 쉬운 작업이라고 생각할 수 있겠지만 상당히 복잡한 과정을 거쳐야 한다. 예를 들어 가장 잘 알려진 검법인 본국검과 예도銳刀에 동시에 등장하는 한자 가운데 '찬鑽'에 대한 번역을 살펴보자.

본국검에는 '찬자鑽刺'가 있고, 예도에는 '찬격鑽擊'이 있다. 언해본에는 '비븨여'라고 표기되어 있다. 비빈다, 비벼서 찌른다, 비벼서 친다……. 번역을 넘어서 이것을 몸동작으로 복원한다면 어떻게 해야 할까? 무엇을 비빌 것이며, 어떻게 비빌 것이며, 왜 비벼야 하는지에 대한 설명이 필요하다. 만약 이러한 궁금증이 해소되지 않으면 혼란이 가중되기 때문이다.

그렇기 때문에 『무예도보통지』가 편찬되었던 시기에 나온 사전을 통해 단어의 의미를 정확하게 파악해야 한다. 다행히 조선 후기의 이만영이 1798년에 엮은 『재물보才物譜』라는 책이 있다. 『재물보』 권6에 따르면 '찬鑽'을 천광穿光이라 하고, 그 뒤 '찬궁鑽弓' 설명에 '비븨 활'이라고 해놓았다.

찬궁은 비비활 혹은 활비비라고도 하는데, 활을 밀고 당길 때 사용하는 도구다. 활의 시위 부분에 송곳의 줏대를 감

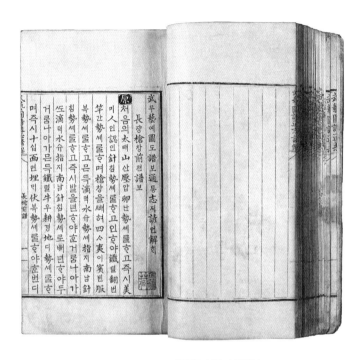

『무예도보통지 언해본』(국립한글박물관 소장)

한문을 모르는 일반 백성들도 읽을 수 있게 하기 위해서 한글로도 제작했다. 언해 부분의 한자에는 한글로 한자음을 달아놓았다. 그 덕분에 누구나 그림과 함께 책을 보며 무예를 익힐 수 있었다.

은 뒤 한 손은 줏대의 위를 나무나 돌 등 딱딱하고 되도록 마찰이 적은 재료로 누르개를 만들어 씌워 쥐고, 다른 손으로는 바이올린이나 톱을 켜듯이 켠다. 활시위에 감아 당기기에 이러한 움직임은 자연스럽게 줏대를 회전시키는 운동으로 바뀌어 송곳날이 비벼지면서 구멍을 뚫게 되는 것이다.

여기에서 송곳날을 제거하고 나무를 바로 마찰시키면 불 피우는 데 사용하는 비비활이 된다. 따라서 찬격 설명인 언해본의 '비븨여 티ᄂᆞ'는 '칼날을 송곳처럼 돌려 치는 것'에 해당한다. 예도에서 사용한 칼이 기본적으로 양날검이기에 이러한 설명이 더해진 것이다.

실제로 양날검 중 왼쪽 칼날을 사용한 뒤 다시 쓰려고 할 때 이런 표현이 등장한다. 이때 자연스럽게 칼을 쥔 손이 송곳을 돌리듯 움직인다. 쉽게 이야기하면 칼날을 뒤집듯 반시계 방향으로 돌리는 움직임이다. 만약 상대의 칼에 막히면 칼끝을 반시계 방향으로 감아 돌리듯이 움직이는 것이다.

이어서 함께 살펴봐야 할 책이 있다. 『훈몽자회訓蒙字會』와 조선 후기 사역원에서 신이행 등이 만든 중국어 사전인 『역어유해譯語類解』인데 여기에도 '비븨'라는 단어가 나온다. 또 순조 대 유희가 여러 가지의 물명을 모아 한글 또는 한문으로 풀이해 만든 일종의 어휘사전인 『물명고物名考』에도 '부비'라는 연장이 등장한다. 그리고 이 도구들을 설명하기 위해 '찬'이라는 한문을 쓰고 있다. 지금도 건축이나 가구 제작 등 나무를 다루는 곳에서는 '비븨'나 '부비'를 '비비송곳'이라고 해서 두 손바닥 사이에 송곳 자루를 끼우고 돌려서(비벼서) 구멍을 뚫는 송곳의 이름으로 사용하고 있다.

이처럼 '찬'이라는 글자 하나를 이해하기 위해서는 이 같은 배경지식이 있어야 한다. 더군다나 『무예도보통지』에는 이렇게 해석에 각별한 주의가 필요한 한자가 넘쳐난다. 그래서 올바른 무예 복원의 길이 어렵고 복잡한 것이다. 보이는 것은 단순하지만, 그 움직임 하나하나의 본질적 의미를 알아내야만 깊이 이해할 수 있는 법이다.

3장

『무예도보통지』 속 무예 이야기

무예의 가치

임진왜란은 16세기 동북아세계대전으로 불릴 정도로 조선·명·일본 삼국이 국가의 존망을 걸고 싸웠던 전쟁이다. 그 처절한 전쟁 속에서 조선군은 무예의 본질에 대해 고민하게 되었다. 조선군의 무예가 왜군의 창칼 앞에서 무너져 내리자, 조선은 원군으로 참전한 명나라 군사들에게 실전적인 무예를 배우기 시작했다. 이와 관련된 내용이 전쟁 중이었던 1598년 (선조 31)에 편찬된 『무예제보武藝諸譜』「기예질의」에 담겨 있다.

조선은 왜군의 전술을 파해하기 위해 특별 임시 조직으로 훈련도감을 만들었다. 이곳의 실무직인 낭청郎廳을 맡았던 한

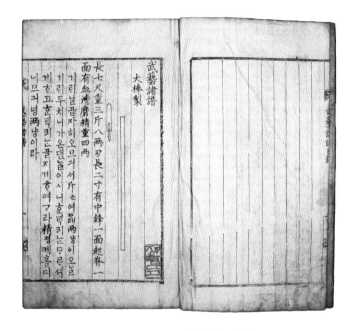

『무예제보 언해본』(국립한글박물관 소장)

『무예제보』는 현존하는 무예서 중에서 가장 오래된 것으로, 『기효신서』 등을 참고해 6가지 무예를 한문과 그림으로 해설한 뒤 이를 한글로 풀어놓았다.

교가 파병 나온 명나라의 중간 지휘관 격인 허유격(허국위)에게 무예 수련의 묘리妙理가 무엇인지 물어보고 다녔다. 그리고 그 내용이 자못 중요했던지라, 이후 1790년에 편찬된 『무예도보통지』에도 그대로 수록되었다.

허유격에게는 참으로 당돌한 질문이었을 것이다. 다짜고짜 '무예의 핵심이 무엇인가요?'라고 물어본다면 누구도 쉽게 답하지 못하리라. 이 질문에 대해 허유격은 "투박한 것부터 점점 정교하게 변하는 것인데, 수법手法, 족법足法, 신법身法의 묘리는 직접 몸으로 배워 익혀야만 알 수 있다"고 답했다. 그리고 "반드시 오랫동안 수련을 쌓아야만 깊은 이치를 얻게 되니 일시적으로 말하는 것은 아무런 도움도 안 되고 이는 비법이 아니다"라면서 마지막에는 말로만 설명하기 난해한 것이라며 손사래를 쳤다.

이 말을 들은 한교는 대강이라도 설명해달라고 간곡하게 부탁했다. 조선군이 왜군의 창칼에 도륙당하는 상황에서 조금이라도 더 실질적인 배움을 얻어야만 나라를 구할 수 있으리라는 목적의식이 있었기 때문이다.

이에 허유격은 딱 4가지를 더 언급했다.

"일담一膽, 이력二力, 삼정三精, 사쾌四快."

실로 담백하면서도 명쾌한 답변이다. 그 내용을 하나씩

짚어보면 지금 이 순간에도, 아니 미래에도 무예 수련이 여전히 의미 있음을 확인할 수 있다.

먼저 첫 번째는 담膽, 즉 용기다. 우리는 두려움을 느낄 때, '간담이 서늘하다'는 말을 한다. 옛사람들은 간장과 쓸개에 용기가 담겨 있다고 생각했다. 담력은 예부터 무예의 요체 가운데 가장 먼저 요구되는 것이었다. 왜냐하면 창칼이 번득이고 화살과 총탄이 빗발치는 전장에서는 담력이 없다면 아무것도 할 수 없기 때문이다. 담력이 부족한 병사가 실전에서 전우들이 죽어가는 모습을 보게 되면 아군에 득보다는 실이 되는 상황이 벌어진다.

현대전에서도 마찬가지다. 제아무리 과학화, 전자화, 기계화가 되었다고 해도 군인들이 직접 싸워야 하는 상황에서 담력은 그 무엇보다도 중요한 요소다. 싸우고자 하는 의지가 없으면 무슨 전투가 되겠는가. 지금도 무예를 수련할 때 가장 먼저 요구되는 것이 단단한 삶에 대한 의지를 무예에 투영하는 것이다. 이 고달픈 세상살이를 견디려면 좀더 단단한 몸과 마음이 있어야 가능하다. 그래서 무예 수련의 첫 번째 이유는 '단단한 마음 만들기'다.

두 번째는 힘力이다. 담력을 갖추었다면 반드시 힘을 기르는 훈련으로 나아가야 한다. 조선의 군사들은 맨손이 아니라 병장기를 들고 싸웠다. 무거운 병장기를 자유롭게 다루기 위해서는 당연히 힘이 있어야 했다. 현대전에서도 보병이 완전무장을 하려면 최소 25킬로그램 이상의 군장을 짊어지고 이동해야 한다. 만약 힘이 없다면 제아무리 성능 좋은 무기라도 제대로 구동시킬 수 없을 것이다. 역시나 세상살이의 스트레스도 견디려면 두 다리로 버틸 최소한의 체력이 뒷받침되어야 한다. 그래서 무예 수련의 두 번째 이유는 '단단한 몸 만들기'다.

세 번째는 정교함精이다. 용기를 갖추고 힘을 기른 후에는 이를 정교하게 다듬는 과정이 필요하다. 군사들의 사기가 충천하고 그 힘이 태산을 무너뜨릴 정도로 거세다면 일단 절반의 승리는 보장된 셈이다. 그러나 각 군사들의 무예 실력이나 진법 훈련이 정교하지 못하고 투박하다면 어느새 상대방의 공세에 틈을 보여 순식간에 무너질 수 있다. 세상살이에 의지도 있고 체력도 충분하지만 정교하지 못하면 실패하는 경우가 많다. 자신의 상황을 정확하게 직시하고 상대의 장단점을 정교하게 분석해야만 삶의 전투에서 승리할 수 있는 것이다. 그래서 무예 수련의 세 번째 이유는 '정교한 몸과 마음 만들기'다.

마지막은 바로 신속함快이다. 실전에서는 빠르고 통쾌한 원 펀치를 준비한 자만이 살아남을 수 있다는 말이다. 나아가

적의 창칼보다 빠르게 움직여야 우위를 점할 수 있고, 적보다 총알이나 화살을 더 빠르게 쏘아야 기선을 제압할 수 있다. 현대전에서 정보전이 중요한 이유가 바로 여기에 있다. 더욱 빠르게 전선을 분석하고 상대보다 한발 앞서 전술을 펼칠 때 승기를 잡을 수 있는 것이다. 우리네 삶에서도 신속한 의사결정을 내려야 할 때가 많다. 주식이든 부동산이든 적절한 시기를 놓치면 까딱하다가는 상투 잡는 낭패를 보기 십상이다. 그래서 무예 수련의 네 번째 이유는 '재빠른 몸과 마음 만들기'다.

그런데 이 4가지를 골고루 조화롭게 발달시켜야지 한쪽으로 치우치면 곤란해진다. 만약 다른 모든 것은 뛰어난데, 용기만 없다면 아예 시도조차 못하고 끝날 것이다. 역시 다른 모든 것이 부족한데 용기만 있으면 그것은 '만용'이 된다. 무턱대고 돌진하면 처참하게 부서질 뿐이다. 반대로 용기, 힘, 정교함이 모두 부족한데 빠르기만 해서도 곤란하다. 이런 자는 전투에서 전우를 버리고 가장 먼저 삼십육계 줄행랑을 칠 가능성이 높다.

그래서 지금 이 순간, 아니 미래에도 여전히 무예 수련은 의미가 있는 것이다. 비록 칼과 활을 들고 전투에 나가지는 않지만, '담력정쾌'를 가장 올곧게 수련할 수 있는 방법이 '무예'이기 때문이다. 그것이 '지과치止戈痴(무예만 아는 바보)'

라고 불리는 내가 무예를 공부하고 수련하는 본질적인 이유
다. 게다가 혼자 수련하든, 여럿이 함께 수련하든 즐겁기까지
하다. 이 정도면 무예를 하는 이유로 충분하지 아니한가? 전
세계인 모두가 무예를 배우고 익혔으면 좋겠다.

『무예도보통지』에 담긴 무예 정신

'지여도장 동여풍우止如堵墻 動如風雨.' 멈출 때에는 담장처럼 굳건하게, 움직일 때는 비바람처럼 매섭게라는 뜻이다. 『무예도보통지』서문에 등장하는 말로, 정조가 글을 내렸고 영의정이었던 채제공이 썼다.

　문장의 의미를 살펴보면 이렇다. 군사들이 단체로 오와 열을 갖춰 진법을 구성해 멈추어 있을 때에는 담장처럼 굳건하게 지켜야 하며, 돌진하는 적에 맞서 싸울 때에는 비바람이 몰아치듯 매섭게 움직이라는 뜻이다. 어찌 보면 뻔한 말인 듯하지만, 그 안에는 현대전에서도 반드시 익혀야 할 전투 행동

철학이 담겨 있다.

적의 공격은 항상 매섭다. 하늘을 뒤덮을 만큼 수천 개의 화살이 날아오고, 눈앞에는 지축을 흔들며 돌격해오는 기병과 날카로운 창칼로 무장한 수천 명의 군사들이 밀고 들어오면 제아무리 훈련을 거듭한 군사들도 심장이 멎을 듯 두려움이 몰려온다. 오직 내가 믿을 것은 옆에 있는 피를 나눈 전우와 부대를 지휘하는 장수들의 명령뿐이다.

현대전도 마찬가지다. 굉음의 포탄 터지는 소리가 가장 먼저 전장을 강타하고 이어서 빗발치는 총탄과 화약 냄새에 비명소리마저 가려진다. 이에 전장에서 살아남으려면 역시나 전우에 대한 믿음과 명령에 대한 철저한 수행이 선결 조건이 된다. 그런 지옥 같은 전장에서 담장처럼 굳건하게 버티고 지키는 것이 군사 된 자의 숙명이고 존재 이유다. 그 굳건함은 쉼 없는 훈련을 통해서 키울 수 있다. 어떤 절박한 상황이 발생할지라도 옆에서 목숨 걸고 버티고 있는 전우를 믿고 진이 무너지지 않도록 하는 것이다. 조선시대 진법 훈련의 최종 목표는 전우를 믿고 적의 공격 형태에 따라 무기를 바꾸어가며 진형을 유지하는 것이었다.

사극이나 영화에서 흔히 보는 사각형의 방진方陣을 비롯해 안정적으로 전투를 수행하기 위해 군사들을 다양한 형태로 편성하고 배치하는 훈련이 진법이다. 방진 이외에도 원형의 원진圓陣, 앞이 뾰족한 예진銳陣, 앞이 오목한 곡진曲陣 등의 기본 진법이 있다. 또 학이 날개를 편 듯한 모양으로 적을 포위하는 학익진鶴翼陣이나 뱀이 기어가듯 한 줄로 길게 늘어 선 군대의 진 같은 장사진長蛇陣이라는 말은 일상생활에서도 쓸 정도로 널리 알려져 있다.

진형을 안정적으로 유지해야 나의 목숨뿐만 아니라 전우들의 목숨도 지킬 수 있다. 더 나아가 이 땅에 사는 모든 생명을 지킬 수 있다. 만약 담장이 무너지면 도둑은 언제든지 우리 집을 약탈할 수 있기에 담장처럼 굳건하게 버텨야 한다.

한편 적의 움직임에 따라 군사들은 비바람처럼 빠르게 대응하며 적에게 역습을 가할 줄도 알아야 한다. 오로지 방어에만 치중한다면 아무리 튼튼한 방벽도 언젠가는 무너지고 만다. 적의 틈을 엿보아 빠르게 반격하고 더 나아가 적의 근원지까지 돌격해야 전투의 끝이 보인다. 무예 훈련은 진형을 안정적으로 방비하는 마음을 키우고, 비바람처럼 빠르게 몸으로 적을 공격하는 훈련이 핵심이다. 세상에서 가장 단단한 방패와 가장 날카로운 칼이 되어야 이 땅의 모든 생명을 지킬 수 있는 것이다.

『무예도보통지』에는 이러한 마음가짐과 몸을 다부지게

만드는 지킴의 정성이 들어 있다. 매일 일상의 전투를 치르는 현대인들에게도 그런 지킴의 마음가짐이 중요하다. 『무예도보통지』는 그저 몇백 년 전의 군사 무예서로 그치는 것이 아니라 우리가 이 세상을 올바르게 살아갈 수 있도록 마음가짐과 몸가짐의 정신을 다시금 일깨워준다. 그래서 지금도 『무예도보통지』의 무예 24기 수련이 절실하게 필요한 것이다.

예도와 조선세법

이 세상은 무협지 속 세계가 아니다. 무협지에서처럼 고수의 칼 움직임 한번에 수많은 적이 떨어지는 낙엽처럼 우수수 쓰러지는 일은 결코 없다. 하물며 전장에서 장수가 제아무리 칼날이 번쩍번쩍한 칼을 휘둘러도 적을 단 일격에 두 동강 내는 일은 거의 없다. 왜냐하면 갑주를 착용하고 싸우기 때문이다. 오직 철저한 수련과 탄탄한 기본기 속에서 진정한 고수가 탄생하는 법이다.

예도에는 조선 검법의 기본이자 핵심이 담겨 있다. 그런데 특이하게도『무예도보통지』에는 예도 2가지가 실려 있다.

그 이유는 이렇다. 원래 예도는 명나라 모원의가 쓴『무비지武備志』의 내용을 그대로 인용한 24세의 낱개 검법(속칭 조선세법)과 조선군에서 이전부터 수련해온 연결된 긴 투로의 형태 2가지가 존재했다.『무비지』의 내용은 24세의 「예도보銳刀譜」로 정리되었다. 여기에 「예도총보」에 등장하는 독특한 4세를 '증增'으로 추가한 것이다.

모원의는 15년간 방대한 양의 병학을 집대성해서 1621년에『무비지』를 펴냈다. 그가 이 책을 쓴 이유는 아주 단순하다. 엄청난 애국심으로 똘똘 뭉친 그는 쓰러져가는 명나라를 일으키기 위해 다른 모든 일을 접어두고 오직 병학서 편찬에 몰두했다. 모원의가 2,000여 권의 병법서를 모두 살핀 뒤 새롭게 정리해 만든 책이 전체 240권이나 되었다. 군기軍器부터 전투용 선박인 병선兵船은 물론이고 군사들의 진법을 운용하는 진형陣形과 군사 무예 훈련 등을 그림과 함께 설명해놓았으며 전술적으로 중요한 곳을 지도로 남겨놓기까지 했다. 사실상『무비지』는 방대한 군사 백과사전이나 다름없었다.

그래서인지 정약용도 수원화성을 지을 때 이 책을 참고했다고 알려졌다. 수원화성에서 가장 높은 곳인 서장대 뒤쪽의 전투 시설인 노대弩臺나 장안문 옹성 위에 다섯 개의 구멍을 뚫고 화공火攻을 방어하기 위해 설치한 오성지伍星池가『무비지』에서 착안한 것이다. 특히 오성지는 수원화성에만 있는 방어 시설인데, 안타깝게도 정약용의 설계안대로 건축되지 못했다.

이처럼 중요한 책이기에 『무예도보통지』 머리글에는 모원의의 일대기도 함께 수록되어 있다. 아무튼 원래의 『무비지』 인용문에서 "조선에서 그 세법을 얻었다"는 부분을 변용해 뒤 문장에서 '조선세법朝鮮勢法'이라 칭한 것이다. '이것은 조선 검술을 가져온 것이다'라는 의미다. 그리고 이렇게 모원의가 중국에서 새롭게 정리한 조선세법이 '예도'라는 이름으로 조선에 역수입되었다. 따라서 조선세법이라는 표현보다는 예도라는 명칭을 사용하는 것이 바람직하다.

한편 『무예도보통지』 편찬 이전부터 조선군이 수련한 긴 연결 자세 방식은 뒤에 「예도총보」라는 이름으로 따로 정리했다. 일반적으로 『무예도보통지』에 실린 다른 무예 설명에는 앞쪽의 낱개 보譜를 그대로 연결한 것이 마지막에 총보의 방식으로 실려 있지만, 예도는 전혀 다른 검법처럼 '연결세(총보)' 형태가 또 하나 있는 것이다.

쉽게 설명하자면 LA갈비의 문화적 변용과 비슷하다. LA갈비 탄생과 관련해 여러 가지 설이 있으나 일반적으로 한국전쟁 이후 미국 로스앤젤레스로 이민을 간 재미 동포들이 만들었다는 이야기가 가장 잘 알려져 있다. 스테이크는 그들의 입맛에 맞지 않았으며 넉넉지 않은 주머니사정이 맞물려 LA 갈비의 탄생으로 이어졌다. 재미 동포들은 절단기로 갈비를 조각조각 내어 한입에 먹기 좋게 손질하고, 밥반찬으로도 먹을 수 있게 양념에 절인 한국식 갈비를 만들어냈다.

원래 한국식 갈비는 고기를 얇게 저민 뒤 칼집을 일일이 내야 한다. 하지만 재미 동포들은 인건비를 감당하기 어려워서인지 절단기로 작게 잘라버렸다. 거기에다 달콤 짭조름한 양념을 곁들임으로써 한국의 맛을 미국 로스앤젤레스에서 구현해냈다. 이러한 방법으로 만든 갈비가 한국에 다시 역수입되면서 LA갈비라고 이름 붙여졌다. 미국에서 재탄생한 LA 갈비처럼 중국에서 구현된 조선의 칼 맛인 조선세법을 『무예도보통지』에 '예도'라는 이름으로 넣은 것이다. 그리고 거기에 조선군이 원래 수련하던 무예를 마지막에 따로 「예도총보」에 담아놓았다.

『무비지』에 정리된 조선세법은 초습初習이라고 할 만큼 칼을 수련함에 있어 가장 기초가 되는 간단한 동작들이다. 주로 칼을 접었다가 공격하는 움직임이나 공격했다가 겨누는 방식으로 지극히 단순한 자세로 구성되어 있다.

예도의 전체 문장구조는 해당 자세에 대한 모습을 설명

예도 교전

『무예도보통지』 예도에 들어 있는 열두 번째 자세인 '찬격세鑽擊勢'를 응용한 교전
법으로, 칼과 칼을 맞대고 자연스럽게 호흡을 맞춰 칼의 길을 찾는 방법 중 하나다.
찬격세는 비비어 치는 것이다. 찬격세의 자세를 취했다가 왼다리와 왼손을 사용해
'백원출동세白遠出洞勢'를 하고 발을 바꾸지 않고 빌을 끌며 나아가며(체보掣步) 허리
를 친다. 백원출동세는 찬격세 상태에서 오른발을 가볍게 들며 칼을 왼쪽 몸 뒤쪽
아래로 내렸다가 돌려(칼날을 앞으로 향하게 한 뒤 반시계 방향으로 감아 돌리듯이) 베듯
왼쪽 어깨 위로 들어 올리는 움직임을 말한다. 바로 이어 체보로 허리를 친다.

하고(첫 자세 멈춤 동작), 이후 이 방법으로 어느 부분 혹은 어떤 공격을 할 수 있는지에 대한 가능성을 설명하고 있다(핵심적인 공격 기법에 대한 언급과 두 번째 등장하는 '세'의 공격 기법). 그리고 실제 움직임에 대한 설명을 첫 자세에서 다음 자세로 움직일 때 어떤 손과 발을 사용하고 어떻게(두 번째 자세) 움직여 어떤 보법으로 마지막 자세를 하는지 알려준다. 마지막으로 '간법看法'이라 해서 하는 법을 보라는 식으로 마무리한다.

예를 들면 첫 자세에서 겨눔 변화 후 바로 공격하는 움직임이나, 상대의 공격을 1차로 막고 바로 공격하는 움직임이나, 1차 공격(상대방 방어) 후 바로 2차 겨눔이나 공격의 움직임 등이다. 따라서 예도 24세의 기본 움직임은 엄밀히 보면 두 동작으로 완성된다. 기본적인 낱개의 공방 기법이 예도 24세(증 4세)가 되고, 이 움직임을 활용한 연속적인 투로 방식의 움직임이 소위 「예도총보」가 되는 것이다.

그래서 가장 조선적인 모습의 검법은 「예도」와 「예도총보」에 담겨 있다고 해도 무방하다. 그 이유는 다른 나라에서 보았을 때 가장 위력적인 조선 검법이 예도였으며, 조선 군사들이 계속 수련했던 검법이 「예도총보」였기 때문이다.

몸 문화의 결정체,
활쏘기

예부터 수원 사람은 활쏘기에 능했다. 1656년(효종 7) 유형원이 쓴 역사지리서인『동국여지지東國輿地誌』에 수원 지역의 풍속을 누할 때 "농사를 열심히 짓고, 활쏘기에 힘쓰는 곳이다"라고 맨 서두에 밝히고 있을 정도였다.

　세계문화유산에 등재된 수원화성의 연무대(동장대)에서는 관광객들의 체험용 활쏘기를 비롯해 매일같이 꼬리 긴 화살들이 하늘을 가로지른다. 외견상으로는 그저 서서 팔 심으로만 활시위를 당기는 것 같지만, 실은 온몸의 기운을 한데 모아 화살에 실어 보내야 하기에 활쏘기는 전신운동에 해당

한다.

그 움직임을 보면 이렇다. 두 발을 편하게 벌리고 서서 숨 한 번 들이마시며 물동이를 머리에 이듯 활을 들어 올린다. 숨을 천천히 내쉬며 앞 손은 태산을 밀듯 하고, 시위를 잡은 뒷손은 호랑이 꼬리를 잡아당기듯 지긋이 끌어당긴다. 잠시 과녁을 응시하고 멈추었다가 팽팽한 긴장감을 끊어내듯 화살을 미련 없이 떠나보낸다. 짙푸른 창공을 향해 화살 한 개가 얇은 잔상을 만들며 허공을 가른다. 이내 저 멀리 떨어진 과녁에서는 맞았다는 둔탁한 소리가 은은하게 퍼진다.

이것이 우리의 전통 무예인 활쏘기의 모습이다. 아무런 흔들림 없이 고요한 마음의 상태를 유지하며 화살 한 개 한 개에 온 정성을 담아 수련하는 활쏘기는 그야말로 군자에게 어울리는 무예이기도 하다. 우리네 활쏘기는 기본적으로 이 땅을 지켜온 가장 중요한 군사 전술의 핵심이었다. 한반도는 높고 험준한 산지가 많아 군사들은 외세를 막을 때 깊은 산성에 웅거했다가 적이 몰려들면 쉴 없이 화살을 쏘아 접근조차 어렵게 만드는 전술을 펼쳤다. 또한 달리는 말 위에서 정교하게 활을 쏘는 기사騎射는 고대부터 우리 민족을 대표하는 몸 문화의 결정체였다.

오늘날에도 전국 수백 곳의 활터에서 화살들이 허공을 가

말을 타며 활을 쏘는 기사를 시범하는 장면
화살을 날리면 활시위를 잡아당겼던 손은 자연스럽게 뒤
로 펼쳐져 마치 학이 날개를 펼치는 형상을 취하게 된다.

른다. 선조들의 유구한 몸 문화가 담긴 활쏘기를 익히기 위해 무인들은 손가락이 부르트도록 훈련에 훈련을 더한다. 활쏘기를 배우기 위한 여러 가지 정진 방법이 있는데, 그중 몇 가지 원칙을 보면 그 움직임에 대해 명확하게 이해할 수 있을 것이다.

우선 안전을 위해 지형을 살피고 바람의 방향을 가늠한다. 화살을 잡은 뒤에는 호흡을 가다듬으며 자세를 바로잡는다. 활을 잡은 앞 손은 힘껏 밀고, 시위를 잡은 뒷손은 화살을 쥐고 팽팽히 끌어당겼다가 활을 쏜다. 만약 화살이 표적에 맞지 않았다면 오로지 자기 자신을 반성해야 한다. 사대에 올라 활을 쏘는 사람들은 저마다 이 원칙을 가슴에 새기고 활을 힘껏 당긴다.

활쏘기는 그 시작부터 우리네 삶의 핵심이 담겨 있다. 가장 먼저 '선찰지형先察地形 후찰풍세後察風勢'라고 해서 지형과 바람을 읽어야 한다. 긴 안목으로 인생의 미래를 위한 계획을 세우고 혹시 모를 돌풍을 대비해 미리미리 준비하라는 뜻을 담고 있기도 하다. 세상일이 어떻게 변하는지도 모르고 오로지 제 갈 길만 신경 쓴 채 앞뒤 따지지도 않고 밀어붙이면 실패는 당연한 것이다.

활을 잡고 사대에 오르면 하단전에 손을 올리고 과녁을 향해 공손히 인사를 하며 "활 배웁니다"라는 말을 전한다. 수십 년을 활과 함께 보낸 명궁들도 늘 초심을 유지하며 그곳에 올라선다. 언제나 배운다는 마음으로 하루를 시작한다면 내실을 더욱 튼튼히 다지는 삶이 펼쳐질 것이다.

틈홍문세

『무예도보통지』에 가장 먼저 등장하는 무예가 '장창'이다. 장창은 길이가 1장 5척으로, 환산하면 약 4미터 60센티미터에 달하는 매우 긴 창이다. 그래서 가끔은 이렇게 긴 창을 혼자 사용하느냐는 질문을 받기도 한다.

보병들이 어깨와 어깨를 맞대고 집단 장창진을 펼치면 말 그대로 거대한 '창 숲'이 만들어진다. 그래서 보병을 구성할 때는 일정량의 장창병들을 포함해야 했다. 그리고 맹렬하게 달려드는 적의 기마병을 상대로 전면을 향해 동시에 겨누어서 흔들면 마치 고슴도치가 가시를 돋치는 모양새가 되기도 했다.

장창을 쓰는 다양한 움직임 가운데 '틈홍문세闖鴻門勢'라는 자세가 있다. 이 자세는 내렸던 창두槍頭를 다시 세우며 뒤로 한 걸음 물러서서 적을 겨냥하는 움직임이다. 그런데 여기서 말하는 '홍문'은 『초한지楚漢志』에 등장하는 한고조 유방과 초패왕 항우가 만났던 지명으로, 현재 중국 산시성 린퉁구 동쪽에 있는 군사적 요충지였다. 그래서 자세 명칭이 '홍문'을 '틈闖'하는 움직임이다. 틈은 엿보다는 의미로 해석하기도 하는데, 단어를 쪼개서 보면 '문門' 자 사이에 '마馬' 자가 끼어 있는 회의자다. 즉 빠르게 달리던 말이 대문에서부터 돌진해 나와 지나간다는 의미를 나타낸다. 본뜻은 '앞으로 돌진하다'지만 '용감하게 나아가다', '거리낄 것이 없다'를 의미하기도 한다.

틈홍문세는 고사를 알면 좀더 쉽게 이해할 수 있다. 기원전 207년 12월, 초한쟁패기 직진에 진나라의 수노 함양 근처의 홍문에서 자웅을 겨루던 유방과 항우가 만남을 가졌다. 이를 '홍문연' 혹은 '홍문의 회(홍문지회)'라고 한다.

홍문에 주둔하던 항우의 군영에서 잔치가 벌어졌고 유방이 손님으로 참석하게 되었다. 이때 항우의 책사였던 범증이 유방을 암살할 계획을 세웠고 그 임무는 항우의 사촌동생인 항장이 맡았다. 이들이 세운 암살 계획은 항장이 술을 한잔

홍문지회를 그린 벽화

홍문지회는 항우와 유방의 대립 관계에 국면전환을 가져다준 매우 중요한 사건이다. 두 사람의 긴박했던 만남을 무예로 표현한 것이 바로 '틈홍문세'다. 훗날 항우는 유방과 패권을 다투다가 해하에서 패한 뒤 자살로 생을 마감했기 때문에 당시 회합에서 유방을 놓아준 것은 항우의 패착이었다.

올리고, 유방이 그 술잔을 비우면 검무劍舞를 출 것을 청한 뒤 기회를 봐서 유방의 목을 쳐버리는 것이었다.

이윽고 술자리가 무르익자 항장이 유방에게 "이런 군영의 술자리에 즐길 만한 것이 따로 없으니 제가 검무를 춰서 흥을 돋워볼까 합니다"라며 말을 건넸다. 유방은 제 목이 날아갈 줄도 모른 채 흔쾌히 승낙했다. 항장은 칼을 뽑아 들고 멋지게 칼 솜씨를 뽐냈다. 때로는 성난 비바람처럼, 때로는 고요한 안개처럼 서서히 유방의 목에 다가갔다. 그런데 그 낌새를 눈치챈 유방의 측근인 항백이 슬그머니 끼어들어 칼이 날아오는 순간 교묘하게 방해했다.

한 번, 두 번……. 칼이 유방의 목에 다가갈 때마다 술판의 분위기는 점점 얼어붙었다. 결국 유방도 자신이 처한 상황을 알아차렸다. 그 순간 유방의 맹장猛將 번쾌가 번개처럼 문을 바차고 들어왔다. 그리고 유방을 지키듯 칼을 뽑아 들고 춤을 추었다. 그러한 번쾌의 패기가 마음에 든 항우는 번쾌를 치켜 세우며 술 한 동이를 내려주었고, 번쾌는 그것을 원샷해버렸다. 항우는 번쾌의 장쾌한 분위기에 취해 유방을 놓아주라고 명령했다. 항우의 측근들은 탄식했지만, 그렇다고 항우의 말을 어길 수는 없었다. 만약 이때 유방의 목을 베었다면 천하의 '항우장사'가 그렇게 속절없이 죽음을 맞이하지 않았을지

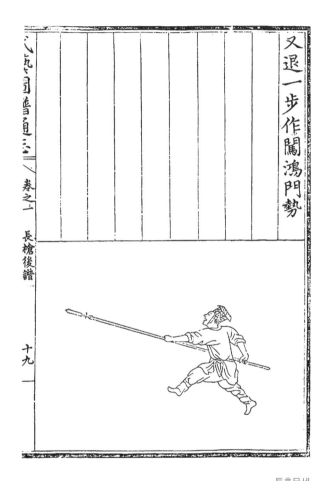

틈홍문세

물러날 듯하다가 공격하는 자세다. 오른발을 써서 물러났다가 왼발을 들었다 놓아 무게중심을 앞에 실어 공격하기 좋은 체세體勢를 만든다.

도 모른다.

번쾌가 겹겹이 둘러쳐진 홍문의 문을 박차 들어가 유방을 보호하는 모습을 한 자세가 바로 틈홍문세다. 상대를 끝까지 몰아붙인 뒤 한 걸음 물러나며 장창을 상대의 목을 향해 견고하게 겨누는 자세. 철옹성과 같은 문의 틈을 박차고 돌진했다가 방어를 강화하며 물러서는 것이다. 장창의 후보後譜 중 '청룡헌조세青龍獻爪勢', '엄검세馬奄劍勢', '틈홍문세'가 바로 이런 흐름으로 연결되었다. 홍문의 문을 청룡이 발톱을 세우듯 돌격하며 깊숙이 찔러 들어갔다가, 한 걸음 물러서며 주군을 향한 적의 칼날을 가리고, 또 한 걸음 물러서서 주군을 보호하며 창날을 세우는 것이다. 그리고 마지막 자세인 '야차탐해세夜叉探海勢'로 장창의 후보는 끝맺음을 한다.

쌍검의 항장기무세와
한고환패상세

앞서 살펴본 홍문연 이야기는 『무예도보통지』 쌍검의 마지막 자세인 '항장기무세項莊起舞勢'와도 연결된다. 그 이름처럼 '항장'이 검무를 시작하는 자세다. 그런데 시작은 유방의 목을 치는 검무의 마지막 장면을 상정했기에 쌍검의 마지막을 장식한 것이다. 쌍검의 연결된 자세로 설명하면 이렇다.

쌍검의 마지막 자세는 '지조염익세鷙鳥斂翼勢', '장검수광세藏劍收光勢', '항장기무세項莊起舞勢'로 마무리된다. 사나운 매와 같은 맹조가 날개를 접듯이 숨을 고르고 있다가(지조염익), 칼을 감추고 빛을 거두듯이 빠르게 양손의 칼을 사선으로 교

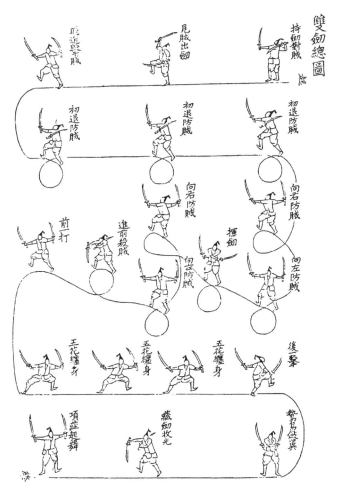

쌍검세

좌우 양손에 한 자루씩 칼을 쥐고 운용하는 검법이다. 공격과 방어를 거의 동시에 하는 무예이기 때문에 좁은 공간에서는 그 위력이 배가된다. 정조 대에는 쌍검을 따로 제작하지 않고 허리칼 가운데 가장 짧은 것을 골라 사용했다.

차해 베어나갔다가(장검수광), 마지막에 적 수장에게 최후의 일격을 날리듯이 왼편 칼로 오른편을 한번 씻어 베는 '항장의 검무'가 펼쳐지는 것이다(항장기무).

마상쌍검에도 한고조 유방의 일화와 관련된 자세가 있다. '한고환패상세漢高還霸上勢'가 바로 그것이다. 말을 힘차게 달리며 양손의 칼을 교차로 휘둘러 베어 오른편 겨드랑이 사이에 왼편의 칼을 끼우는 자세다. 그 이름처럼 유방이 패상霸上에 있는 자신의 군영으로 돌아오는 자세를 말한다. 이 자세와 관련된 고사를 살펴보면 이렇다.

유방이 항우와 패권을 다툴 때, 유방의 군대가 진나라의 수도인 함양에 먼저 들어가게 되었다. 유방은 그 화려한 모습에 반해 그대로 눌러 살고 싶어졌다. 그러나 그의 등 뒤에는 천하제패를 야심 차게 준비했던 항우가 서슬 퍼런 눈을 부라리고 있었다. 하지만 수많은 보물, 아름다운 여인들, 든든한 성벽 등 그 모든 것이 마치 유방을 위해 준비된 것처럼 보였기에 순간 그의 눈이 돌아가고 말았다.

만약 유방이 그 모습에 취해 셴양에 그대로 머물렀다면 얼마 안 가 항우의 칼에 몸이 두 동강 났을지도 모른다. 그런데 희대의 책략가 장량이 유방 곁에 있었다. 홍문연에서 위기에 빠진 유방을 구하기 위해 번쾌를 보낸 사람도 바로 장량이었다. 먼저 번쾌가 궁궐 밖으로 나가 군영을 단속해야 한다고 말했지만, 유방은 화려한 궁궐의 모습에 마음을 빼앗긴 상태였다. 그때 장량이 나섰다. 군사 요충지인 패상霸上의 군영에 돌아가 군사들에게 검소하고 강인한 모습을 보여야만 군주의 모범이 될 것이라고 직언했다. 그러면서 '독한 약은 입에 쓰지만 병에는 이롭다'라는 명언을 남겼다.

그 말을 들은 유방은 잘못을 깨달았다. 그리고 화려한 함양의 궁궐을 뒤로하고 흙먼지 날리는 패상의 군영으로 다시 돌아갔다. 유방을 따르던 군사들은 그의 결단력에 진심으로 반응했다. 그 결과 군의 사기가 충전되어 전투력이 몇 배나 강했던 항우의 군대를 몰락시킬 수 있었고, 유방은 훗날 진나라에 이어 중국을 두 번째로 통일한 한나라의 제1대 황제에 오를 수 있었다. 결국 서초패왕을 꿈꾸었던 항우는 충신의 말을 듣지 않아 목숨을 잃었고, 충신의 말을 따른 유약했던 유방은 천하를 제패했다.

한고환패상세에는 아쉬워도 되돌아가야만 하는 움직임이 담겨 있다. 적을 향해 칼을 내려치고 싶더라도 반드시 옆구리에 한 칼을 끼워야만 나머지 칼이 더 자유롭게 움직일 수 있는 자세가 되기 때문이다.

이처럼 『무예도보통지』를 비롯해 전통 시대에 만들어진

무예서에는 다양한 비유법과 역사 이야기를 담은 자세가 나온다. 그래서 해당 자세를 제대로 구현하기 위해서는 그 의미를 온전히 이해하고 있어야 한다. 그렇다고 해서 너무 확대해석하면 또 다른 문제에 봉착하고 만다. 선인들이 해당 무예 자세를 어떤 방식으로 기록하고자 했는지, 그리고 그 의미를 어떻게 구현할 것인지 등을 조심스레 찾아가는 것이 무예 공부법이다.

휘날리는 깃발과 <기휘가>

수원화성을 따라 길을 걷다보면 성벽 사이로 다양한 색깔의 깃발들이 펄럭이는 것을 볼 수 있다. 무심히 걸으면 자칫 놓치기 쉬운 부분이다. 남문인 팔달문 주변에는 붉은색 깃발이 펄럭이고, 그 반대편인 북문 장안문은 온통 검은색 깃발로 채워져 있다. 그리고 동문인 창룡문에는 푸른색 깃발이 가득하고, 서문인 화서문은 흰색 깃발이 펄럭이고 있다. 이는 사방을 상징하는 색깔인 좌청룡左靑龍, 우백호右白虎, 남주작南朱雀, 북현무北玄武라고 하는 전통적인 방위 색을 반영한 것이다. 오방색에서 중앙은 황색을 가리키므로 수원화성의 요충지인 화성 행궁에는 황색 깃발이 흩날린다.

조선시대에는 이러한 깃발 색깔에 따라 부대를 구분한 뒤 사대문과 화성행궁을 중심으로 배치했다. 그런데 수원화성을 지키는 부대의 명칭은 조금 달랐다. 예를 들면, 북문은 장안위長安衛, 남문은 팔달위八達衛, 동문은 창룡위蒼龍衛, 서문은 화서위華西衛, 마지막으로 화성행궁은 정문의 이름을 따라서 신풍위新豊衛라 이름 붙였다. 그리고 3,175명의 정병을 골고루 나누어 배치했다.

전쟁이 발발하거나 내란으로 위급한 상황이 발생하면 수원 주변 고을의 군사들은 화성의 사대문과 화성행궁 방어를 위해 즉시 달려가야 했다. 이들을 '협수군協守軍'이라고 불렀는데, 일종의 지역 방어군 성격이었다. 장안문에는 시흥현령, 팔달문에는 진위현령, 화서문에는 안산군수, 창룡문에는 용인현령, 신풍루에는 과천현감이 소속 군사들을 이끌고 갔다. 이들의 전체 숫자는 1만 6,122명으로 유사시 수원화성을 방어했던 총 군사 인원이 모두 2만 명에 육박할 정도로 엄청난 군세를 확보하고 있었다.

군사훈련 시에 이들을 지휘할 때 사용했던 것이 바로 다양한 색깔의 깃발들이었다. 당시에는 지금처럼 성벽에 열을 지어 깃발이 휘날렸던 것이 아니라, 각각의 부대에서 깃발을

수원화성에 나부끼는 깃발
군기는 오방색에 따라 설치했는데, 현재 수원화성에 휘날리는 깃발은 1798년 10월
수원화성의 방어 체계를 완성하고 반포한 「장용외영오읍군병절목」에 따라 복원해
놓은 것이다.

전문적으로 운용했던 기수들이 신호를 전달하기 위해 사용했다. 조선시대에는 군영에서 사용한 깃발을 '군기軍旗'라 해서 각 부대장의 소속과 지위를 구분했는데, 이를 통해 휘하 장수들에게 명령하거나 상부의 지시에 복명을 드러냈다.

장수 인기認旗의 움직임에 따라 휘하 장교들은 소집 및 해제의 신호로 받아들였다. 예를 들어 장수가 인기를 계속 휘두르면 파총把摠 이하 모든 간부가 그의 앞으로 달려 나아가 집합해야 했다. 반대로 인기로 기대총旗隊總을 모두 소집해서 명령을 하달한 뒤 인기를 한 번 휘두르면 각 부대의 지휘관들은 흩어져서 원래의 대오로 돌아가야 했다. 마찬가지로 파총 이하의 지휘관들도 자신의 인기를 써서 해당 명령을 전달했다.

깃발을 써서 군사 신호를 보내는 방법을 좀더 자세히 살펴보면, 입立·언偃·점點·지指·마磨·휘麾·권捲·응應 등이 있다. 먼저 입立은 평상시 깃발을 세워놓은 것, 언偃은 깃발을 눕히는 것, 점點은 깃발을 기울이다가 지면에 닿기 전 다시 들어 올리는 것, 지指는 깃발을 점해 내렸다가 지면에 닿을 정도에서 계속 유지하는 것이다. 그리고 마磨는 깃발을 왼쪽으로 휘두르는 것, 휘麾는 깃발을 오른쪽으로 휘두르는 것, 권捲은 깃발을 말아두는 것, 응應은 상관의 깃발 신호를 받아 반복하는 것으로, 부관들에게 다시 반복·전달하는 것이다.

특히 조선 후기 군사 신호에서 가장 중요한 깃발인 인기
는 마麾를 하면 부관들이 상관에게 달려가야 하며, 휘麾를 하
면 다시 흩어져 원위치를 해야 한다. 이를 위해 깃발 동작 각
각에 어떻게 움직여야 하는지를 사전에 약속해놓았다. 깃발
을 들어 올리면 이동하고, 깃발을 내리면 멈추고, 깃발을 좌
에서 우로 흔들면 공격하고, 반대로 우에서 좌로 흔들면 방어
하고, 깃발로 계속 가리키고 있으면 해당 방향을 집중적으로
공격하는 것이다.

조선 초기의 병법서인 『계축진설癸丑陣說』에 각각의 부대
를 깃발로 나누는 방법이 있다. '무릇 적군에 응전할 때에는
대隊마다 기를 달리하는데, 기사대騎射隊는 청기를 잡고, 기창
대騎槍隊는 흑기를 잡고, 화통火熥 궁수대弓手隊는 백기를 잡고,
보창步槍 장검대長劍隊는 적기를 잡는다'고 했다. 이렇게 부대
를 깃발로 구분해놓은 것은 지휘관이 해당 부대에 신호를 보
내기 쉽기 때문이다.

따라서 사극에서 지휘관이 수천수만 명이 되는 부대 앞
에서 목이 터져라 "돌격하라"고 외치는 식의 지휘 방법은 불
가능하다. 해당 부대를 상징하는 깃발로 지휘하는 것이 옳다.
깃발이 올라가면 출동해야 하고, 깃발이 내려가면 그 자리에
서 멈추어야 한다. 만약 이러한 기본적인 신호체계를 군사들

이 이해하지 못하면 오합지졸이 되고 마는 것이다.

그래서 조선시대 군사들은 군대에 들어가면 가장 먼저 깃발의 움직임을 익혀야 했다. 조선왕조의 설계자였던 정도전이 지은 『삼봉집三峯集』에 군사들이 깃발의 신호체계를 좀더 쉽게 외울 수 있도록 만든 군가軍歌가 기록되어 있다. 그 군가가 바로 〈기휘가旗麾歌〉다.

휘는 오색이요 기도 역시 오색이라,
휘로 지휘하고 기로서 답하네.
중앙에는 황이요, 후미에는 흑, 전방에는 적이라,
좌에는 청이니, 우에는 백이라 모두가 조화롭구나.
동서남북 사방의 휘를 보아라,
들면 출동이요, 내리면 정지로다.
휘두르면 기병 보병 모두 싸우니,
느리고 빠른 것은 장수에게 있구나.
이것을 모르는 장수는 그 병사를 버림이요,
이것을 모르는 사병은 때를 놓치는구나.
많을수록 더 잘 아는 것은 다름 아닌
금고金鼓를 자세히 듣고 기휘를 분명히 보는 것뿐일세.

이런 이유 때문에 깃발을 담당하는 기수는 전투력이 가장 높은 군사들 중에서 따로 뽑았다. 만약에 공격을 당해 깃발이 부러지거나 적에게 빼앗기면 신호체계가 붕괴되어 아군이 전멸하는 사태가 발생할 수도 있었다. 그래서 적들도 공격할 때 제일 먼저 신호를 담당하는 군사들을 노렸다.

지금도 현대전에서 가장 먼저 공격하는 것이 상대의 지휘 통신 체계다. 그렇게 해야 통신 전자 시설을 파괴하고 마비시 킴으로써 상대방을 쉽게 무력화할 수 있기 때문이다. 그래서 인지 전자폭탄이라고 불리는 EMP electromagnetic pulse (전자기 펄스탄)가 최첨단 무기로 주목받고 있다.

기창

『무예도보통지』의 무예 24기 중 기창旗槍이라는 무예가 있다. 군사 신호용 깃발을 창에 달아 사용하는 무기가 기창이다. 그러다 보니 군사 신호용 움직임을 기창에 그대로 응용한 자세가 있다.

앞서 살펴본 것처럼 군사용 깃발 운용법에서 마麾는 깃발을 왼쪽으로 휘두르는 것, 휘麾는 깃발을 오른쪽으로 휘두르는 것을 말한다. 따라서 창의 깃발이 휘날리도록 창날을 겨냥해 몸 밖에서 안쪽으로 휘두르는 동작이 기창이다. 창을 단순히 찌르는 도구로 이해하지만, 창날을 옆으로 눕혀 가로로 칼처럼 베듯이 사용할 수도 있는 것이다.

그런데 일반적으로 창날에 깃발이 달린 것을 사용하면 정확한 공격 기술을 펼치기 어렵다. 깃발이 공기저항을 받기 때문에 정교하게 휘두를 때는 오히려 역효과만 난다. 이런 이유로 군사 신호용이 아니라면 깃발을 제거하거나 아주 작은 깃발로 대체했다.

그래서인지 『무예도보통지』에서 기창을 설명하는 마지막 부분에 이런 내용이 있다.

무릇 군대의 행렬은 각각의 장수들이 무기를 잡고 이어서 방어하는 자세를 연습한 것이므로 대체로 깃발을 매단 창대에 날을 붙인 것은 그치고 찌르는 기술을 전하려 하는 것이니, 안 하는 것보다는 낫지 않겠는가? 호미와 곰방메도 병기가 되는 것이다.

이는 농기구인 호미나 곰방메도 전투에 사용할 수 있으니, 창에 깃발을 다는 것도 전투에 아주 쓸모없는 것은 아니라는 것을 에둘러 말하고 있는 것이다. 어찌 보면 좀 구차한 변명처럼 들릴 수도 있지만 무예를 고증하는 입장에서 그런 소소한 내용까지 모두 적어놓은 모습들이 존경스럽다.

후세에 도움이 된다면 아주 작은 것일지라도 기록으로 남

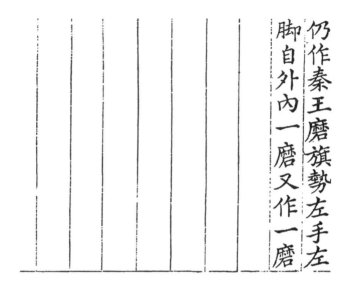

仍作秦王磨旗勢左手左
脚自外內一磨又作一磨

기창

조선시대 무과 시험의 과목 가운데 하나였다. 기창은 말을 타고 창술을 펼치는 무예라고 해서 '마창馬槍'이라고도 불렀다.

겼던 선인들이 존재했기에 지금의 나와 같은 연구자들이 있을 수 있는 것이다. 나의 무예사 연구 또한 이 길을 걷는 누군가를 위한 징검돌 하나가 되었으면 하는 바람이 가득하다. 나를 딛고 올라서서 더 넓고, 더 왕성한 공부를 펼친다면 이 땅의 무예는 좀더 자유로워질 것이다.

협도의 오룡 꼬리치기

'사마귀 앞발 공격! 독수리 발톱 세우기!' 중국 무술영화에 종종 나오는 대사들 중 하나다. 사마귀가 사냥하는 움직임을 닮았다는 당랑권蟷螂拳, 독수리가 발톱으로 먹이를 채는 동작을 본뜬 상형권인 응조권鷹爪拳 등은 중국 무예에서 각각 곤충과 맹조를 떠올리게 하는 대표적인 무예다.

그런데 『무예도보통지』에 실린 무예 24기 중에도 이런 비유와 은유를 포함한 자세가 많다. 이를테면 '협도挾刀'라는 무예다. 협도는 마치 긴 자루에 요도腰刀를 붙여놓은 듯한 모습이다. 처음에 협도는 '협도곤夾刀棍'이라는 이름으로 보급되었다.

1598년에 『무예제보』를 펴냈고, 부족한 부분을 보완해 1610년(광해 2)에 『무예제보번역속집武藝諸譜飜譯續集』을 간행했다. 『무예제보번역속집』은 권법과 왜검倭劍 등 임진왜란 중 어왜御倭 전법으로 훈련은 지속적으로 했지만 구체적인 보譜의 형태로 정리하지 못한 무예를 정리한 것이다. 거기에 기병 전력이 강한 북방의 적을 막기 위한 방호防胡 전법의 일환으로 청룡언월도青龍偃月刀와 협도곤 등 대도류大刀類 무기를 추가했다.

협도는 조선 전기의 기병 방어 무기인 장도長刀의 특성을 그대로 가지고 있는데, 이것은 임진왜란 이후에 기병 방어용으로 정착한 협도곤과 구창鉤槍의 특성과도 연결된다. 달려오는 적군 기병의 말 다리를 베어버리는 협도곤과 창끝에 달린 갈고리로 말 위에 올라탄 기병을 끌어내리는 용도였다.

협도는 그 무예적 특징 2가지가 핵심이다. 첫째, 협도는 협도곤과 같이 '일자一刺'라는 창의 기본 기법인 찌르기가 중심을 이룬다. 찌르기를 중심으로 만들어진 창술에서 모티브를 얻어 협도의 투로가 만들어졌다.

둘째, 18세기 이후 진화된 협도 투로의 의도적 정교함과 좌우대칭성이다. 특히 자루가 긴 손잡이를 이용할 때 '음양수陰陽手'가 규칙적이면서도 대칭적으로 나타난다. 양손으로 무기를 활용할 때 바탕이 되는 뒷손과 공격의 방향을 정해주는 앞 손의 위치와 형태를 '음양수'라 부르는데, 이것은 무기술을 익히는 가장 기본적인 훈련에 해당한다.

이러한 대칭적 특성은 투로 구성 시 신체 활동의 균형을 맞추기 위한 근대적 신체 인식의 표현으로 볼 수 있다. 좌우 대칭적 훈련성은 개인의 몸에 대한 균형적인 발달을 위한 근대적 신체관의 정립을 통해 나타난 현상으로, 조선 후기 정립된 협도의 투로와 훈련 방식에서 신체문화의 근대성을 엿볼 수 있다. 협도의 자세 분석을 통해 소위 '근대적 몸'의 인식과 탄생을 말할 수도 있는 것이다.

협도의 자세 중 '오룡파미세烏龍擺尾勢'라는 것이 있다. 그 움직임은 '좌휘미左揮尾'라고 해서, 왼편으로 물미(손잡이 쪽 끝부분)를 휘둘러 적을 때려 치는 것이다. 찔렀던 협도를 뽑아 그 아랫부분, 즉 준(마구리) 부분을 사선으로 휘둘러 치는 자세에 해당한다. 또한 뒤의 '단봉전시세丹鳳展翅勢'와 짝을 이룬다左揮尾/右揮刃. 마치 총검술 동작에서 개머리판을 옆으로 돌려 치는 모습과 유사하다.

오룡파미세에서 오룡은 '개'를 의미한다. 그래서 가끔 나는 협도를 지도할 때 '개 꼬리치기' 자세로 설명한다. 오룡은 중국 진晉나라의 소설집 『수신기搜神記』에서 장연의 이야기에 등장하는 충성스러운 개 이름이다. 강남 회계(현재 저장성 사

찔렀던 협도를 뽑아 협도의 마구리 부분을 사선으로 걸쳐 올리듯 치는 자세다.

오싱현 근처) 지역에 살던 장연이 강제징집되는 바람에 한동안 집을 비우게 되었다. 그 사이에 그의 부인은 노비와 바람이 났고, 장연이 돌아오자 불륜 사실이 발각될까 두려워진 노비가 살인을 계획했다. 노비가 그를 죽이려던 찰나 장연이 키우던 '오룡'이라는 개가 몸을 던져 주인을 구했다고 한다. 이후 중국 사람들은 충견을 '오룡'이라고 부르기 시작했다.

오룡에 대한 옛사람들의 생각을 알 수 있는 사료 몇 가지를 소개하려고 한다. 『본초本草』「구狗」조에 의하면, 세속에서는 개를 '휘'와 '용'이라고 불렀다 한다. 그리고 고려 문신 이규보의 『동국이상국전집東國李相國全集』제20권「잡저雜著」운어韻語 편을 보면, '반오에게 명하는 글'에 다음과 같이 개를 묘사하고 있다.

너는 털에 무늬가 있으니 반호槃瓠(중국에 사는 남방계 부족들의 조상에 관한 신화의 주인공으로, 궁중에서 기르던 용맹한 개의 이름)의 자손인가? 너는 민첩하고 총명하니 오룡의 후예인가? 발통은 방울 같고 주둥이는 칠흑 같으며, 마디 사이는 넓고 힘줄은 팽팽하다. 주인을 그리는 정성이 사랑스럽고 문을 지키는 책임이 대견스럽다. 나는 이 때문에 너의 용맹을 가상히 여기고 너의 뜻을 사랑해 집에 두고 총애하며 기른다. 너는 비록 천한 짐승이나 북두성의 정기를 받았으니 그 영특함과 지혜로움이, 어느 동물이 너와 같겠는가? 주인이 명령할 터이니 너는 귀를 추켜들고 들어라. 절도 없이 늘 짖으면 사람들이 두려워하지 않고, 사람을 가리지 않고 물면 화를 입게 된다.

또한 당나라의 시인 백거이는 '오룡이 누워 태연자약하고, 푸른 까마귀 차례로 날아가네'라며 편히 누워 쉬고 있는 개의 모습을 나른한 봄날의 일상으로 묘사했다.

달밤에 매미 베기

협도와 쌍벽을 이루는 무예가 있는데, 월도月刀가 바로 그것이다. 월도는 칼날의 모양이 초승달을 닮았다 해서 붙여진 이름이다.

조선군이 월도를 수련하기 시작한 것은 임진왜란을 거치며 명나라를 통해서였다. 이후 광해군 대 『무예제보번역속집』에 수록되면서 공식적으로 군영에 보급되었다. 임진왜란 이후 펴낸 관찬 사료에 월도가 처음으로 언급된 것은 1627년 (인조 5)에 훈련도감의 교사 여섯 명을 어영청으로 이속시켜 무예를 훈련시키겠다는 계문이었다.

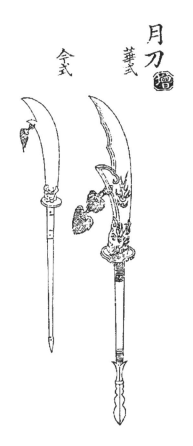

『무예도보통지』에 수록된 월도의 모습
월도는 중국식과 우리나라식의 2가지가 있는
데 왼쪽이 우리나라, 오른쪽이 중국 것이다.

이달 25일에 제조 이서가 야대할 때, 어영군 가운데 장사를 선발해 철추, 언월도, 편곤 등 짧은 병기의 기예를 고려시키라는 전교를 받들었습니다. (……) 언월도와 편곤 등의 기예는 반드시 고사가 있어야 가르칠 수 있습니다. 훈련도감의 재주가 능한 고사 여섯 명을 생기省記에서 제외해 이속시킨 뒤에 군병들이 파하고 돌아갈 때까지 한정해 서로 번갈아 훈련시키도록 하겠습니다.

월도의 자세 가운데 '월야참선세月夜斬蟬勢'가 있다. 문자 그대로 해석하면 '달밤에 매미를 베는 자세'라는 뜻이다. 그런데 이 자세를 설명하면서 '오른손과 왼다리로 두 번 두드린다'고 했다. 월도로 두 번 두드린다는 것은 두 번 연속으로 내려치는 움직임을 말한다.

월야참선세에서 매미蟬는 재생 혹은 불멸을 상징한다. 월도로 재생再生을 상징하는 곤충인 매미를 두 번 연속 두드려치는再叩 것이다. 편곤에도 동일한 자세가 있으며, 역시 두 번 치거나 두드리는 형태의 움직임이다.

매미는 애벌레인 굼벵이가 땅속에서 올라와 허물을 벗고 날개를 펼치며 성충이 되는 모습 때문에 불교에서는 '해탈'의 상징으로 여겼다. 도교에서는 굼벵이가 탈피를 통해 매미로 거듭나기 때문에 매미를 '재생'의 상징으로 받아들였다. 유교

에서도 매미를 덕 많은 곤충이나 청렴을 상징하는 매개체로
여겼다.

특히 고대 중국 사람들은 매미를 부활과 재생의 의미로
여겨 옥으로 만든 매미 모양의 장식품 옥선玉蟬을 즐겨 사용
했다. 일반적으로 모자에 다는 형태는 관선冠蟬, 옷에 걸거나
몸에 붙이고 다는 것을 패선佩蟬, 망자亡者의 입속에 부활을 기
원하며 넣어주는 것을 함선含蟬이라고 한다.

오관참장세

월야참선세 외에도 월도를 쓰는 자세 중에 '오관참장세伍關斬 將勢'라는 것이 있다. 월도를 크게 휘둘러 회전하며 왼쪽에서 오른쪽까지 수평으로 목을 베어내고, 바로 이어 무릎 높이까 지 대각선으로 쓸어내림으로써 가장 폭발적인 위력을 보여 주는 자세다.

이 자세에는 관우의 무공과 충심이 높이 드러나는 일화 가 서려 있는데, '오관참육장伍關斬六將'이라는 고사와도 관련 있다. 그 이름처럼 관우가 오관伍關(다섯 개 관문)을 지키는 장 수의 목을 베는 자세다. 그런데 이는 정사『삼국지三國志』에는 기록되어 있지 않고, 나관중의 장편소설『삼국연의三國演義』에만 등장한다. 따라서 관우의 무예 실력을 돋보이게 하기 위해 각색된 이야기일 가능성이 높다.

어쨌든 이 자세가 유래하게 된 당시 상황을 좀더 자세히 설명하면 이렇다. 조조의 집요한 공격으로 많은 군사를 잃은 유비는 원소에게 피신했고, 장비는 망탕산으로 들어가버렸다. 관우는 조조 휘하의 장수 장료의 설득으로 일시적으로 조조군에 몸을 의탁하게 되었다.

이때 관우는 조조에게 3가지 조건을 걸었다. 첫째는 조조에게 항복하는 것이 아니라 한나라 황실에 투항한 것이고, 둘째는 유비의 두 형수(감부인과 미부인)를 잘 돌보아주어야 하며, 셋째는 유비가 있는 곳을 알게 되면 언제든지 떠나겠다는 것이었다. 이후 유비의 행방을 확인한 관우는 두 형수와 함께 유비에게 가기로 결심했다.

『삼국연의』에 의하면, 관우는 유비에게 가던 도중 험준한 요새와 같은 곳에 세워진 다섯 개의 관문을 통과해야 했다. 하지만 조조에게 관문을 통행할 수 있는 사령장을 받지 않았기 때문에 부득불 그 문을 지키는 장수의 목을 벨 수밖에 없었다. 관우는 첫 번째 관문인 동령관에서 공수의 목을 베고, 두 번째 관문인 낙양관에서 장수 한복과 맹탄을 단칼에 베어 죽였으

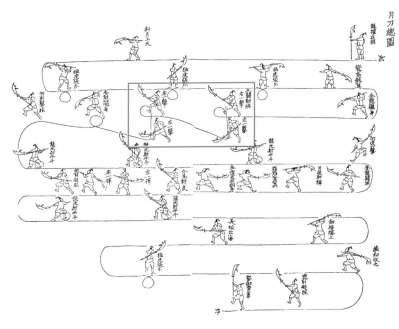

月刀總圖

龍躍正綱

龍光躍步勢

金龍纏身

四引勢敵勢

龍光躍步

五關斬將勢
左擊
右擊

左擊

右擊

龍光躍步

龍回躍牛

龍回躍牛

新月上天

猛虎躍步

上殺
左殺

介馬斬長

左繰
右繰

五雷電勢斬勢

龍平斬殺勢

月殺斬殺勢

奉龍藏舞勢

龍光躍步牛

新月上天

長校騰上

如梅勝上

藏化狀光

猛虎躍步

整龍斬勢步

進斬整勢

오관참장세

몸을 회전해 원심력을 극대화한 뒤 큰 월도로 적을 단칼에 베어내는 자세다. 왼쪽
으로 크게 돌아 베고, 다시 빗자루로 쓸어버리듯 마무리한다.

며, 세 번째 관문인 사수관을 지나면서 장수 변희와 자객들까지 모조리 죽이고, 네 번째 관문인 형양관에서 그곳의 태수였던 장수 왕식을 베어 죽였다. 마지막으로 황허강으로 통하는 관문인 활주관에서 하후돈의 부하인 진기의 목을 벴다.

그러나 정사에 따르면, 조조가 그저 "사람에게는 각기 주인이 있으니 뒤쫓지 말라"고 한 뒤 아쉬움만을 표하고 추격대를 보내지 않았다고 한다. 관우가 국방상 중요한 관문 다섯 곳을 격파하고 장수의 목을 베었다면, 제아무리 조조라고 할지라도 상대의 맹장 관우를 곱게 돌려보내지는 않았을 것이다.

이 밖에도 『무예도보통지』에 수록된 무예 24기의 다양한 자세에는 그와 관련된 수많은 이야기와 전설이 전해진다. 그런데 그 내용들의 맥락을 잘못 이해하면 전혀 다른 종착점으로 가게 된다. 속담에 '손가락으로 달을 가리키는데, 달은 보지 않고 가리키는 손가락만 본다'는 말이 있다. 아무리 손가락으로 바르게 달을 가리켜도 손가락만 보고 그곳에 달이 없다고 하면 난감해진다. 손가락이 밉네, 어쩌네, 흠집을 논하지 말고 달을 살펴야 한다. 그럼에도 달을 못 본다면 더 이상할 말도, 해줄 말도 없다.

마상편곤

혹시 도리깨를 본 적이 있는가? 내가 어릴 적에는 시골에서 콩타작을 할 때 사용했던 농기구다. 이 도리깨가 군사들의 무기인 편곤으로 발전했다. 늘 익숙하게 사용하던 농기구가 무기가 된 것이다. 이러한 무기의 변천사에서 거대한 역사의 흐름을 읽어낼 수 있다.

임진왜란을 거치면서 기병 전술의 한계를 느낀 조선은 명나라에서 도입한 단병접전短兵接戰 체제를 구축했다. 그러나 정묘호란과 병자호란이라는 참화를 겪으면서 북방 이민족에 맞설 수 있는 빠른 기병 전술이 다시금 필요하게 되었다. 이러한 인식의 흐름은 과거시험의 일종인 관무재觀武才에서도 나타나는데, 양난 이전과 다르게 실전적인 기추騎芻와 편곤 등다양한 기예도 시험 보기 시작했다.

『병학통』의 진법들 가운데 용호영龍虎營의 진법과 전투 시기병의 전술을 살펴보면 '마상편곤馬上鞭棍'이 조선 후기 기병들의 핵심 돌격 무기로 인정받았음을 확인할 수 있다. 또한기존 진법서에서는 볼 수 없었던 기병 단독의 진법들이『병학통』에 다양하게 수록되어 있어 기병이 조선 후기에도 여전히 전술의 중요 부분을 담당하고 있었음을 추측할 수 있다.

이를 통해 조선시대 마상 무예 변화를 살펴보면 이렇다. 전기에는 선제 돌격 전술에서 기창이 핵심 무예로 인식되었지만, 후기에는 기창보다 빠른 회수력과 휴대의 간편성 때문에 마상편곤이 주목받게 되었다. 이것은 조선 후기 기병의 기본 무장 상태에서도 확연히 드러나는데, 기본 방어 무기인 환도環刀와 원거리 공격 무기인 궁시弓矢 그리고 돌격 무기로 활용된 마상편곤을 반드시 갖추도록 명확하게 명문화했기 때문이다.

그래서 마상편곤은 조선 후기 기병의 필수 무기이자 무예로 인정받았다. 이런 이유로 관에서 기병에게 지급하는 물품에는 마상편곤이 필히 포함되었다. 1808년(순조 8)에 편찬된

마상편곤을 쓰는 자세의 하나인 '비전요두세飛電繞斗勢'
번개처럼 날아올라 두성斗星을 휘감듯이 마상편곤을 휘두른다. 말의 머리 오른쪽
앞을 공격하는 자세다.

『만기요람萬機要覽』을 살펴보면 기병 부대인 용호영에 지급한 기본 물품은 '전립戰笠 1점, 동개筒箇 1점, 장전長箭 20본, 편전片箭 15본, 환도 1점, 마편馬鞭 1점, 통아桶兒 1점, 요구금要鉤金 1점, 교자궁校子弓 1점, 갑주 1점, 편곤이 1점인데 훼손되는 대로 매 철 첫 달에 교환해준다'라고 했다.

또한 기병 전문 부대로 구성된 용호영에서 기병 단독으로 전술 전개를 할 때 활용한 무기를 통해서도 당시 마상편곤의 중요성을 확인할 수 있다.

용호영은 작전을 펼칠 때 적이 100보 밖에 있으면 각각의 병사들이 상마上馬하고, 신호포 소리가 나면 일一, 이우기二羽旗를 세우고 점고點鼓 점기點旗하면 후층後層이 나와 전층前層 앞에 일자로 벌여 선다. 적이 100보 안에 이르면 명령에 따라 궁시를 한꺼번에 발사하고, 적이 50보에 이르면 북을 빠르게 치며 천아성天鵝聲을 분다. 이때 [기병은] 편곤을 뽑아 들고 소리를 지르며 적을 추격한다. 적이 패하여 물러나면 징을 울리고 북이 멈추면 각 병사들은 제자리에 선다. 징소리가 세 번 울리면 즉시 몸을 돌리고 신호포 소리에 따라 해당 번기番旗를 세우고 안쪽을 향하여 깃발을 점點하면 원지原地로 되돌아온다. 또다시 적이 오는 상황이 되면 신호포를 쏘고 일一, 이겸기二兼旗를 세운다. 북을 점點하고 깃발을 점點하면 전층前層이 일자로 늘어서고 적이 100보 안으로 들어오면 활을 쏘고 추격하고 물러나기를 앞의 상황과 동일하게 한다. 또다시 적이 오는 상황을 만들어 신호포를 쏘고 일一, 이내기二內旗를 세우고 북을 점點하고 깃발을 점點하면 중층中層이 전층前層 앞으로 나가 일자로 벌려서고 활을 쏘고 추격하기를 모두 전과 같이 한다.

—『병학통』

내용은 길어도 핵심은 간단명료하다. 적을 향해 돌격할 때, 기병이 마상편곤을 뽑아 들고 전속력으로 돌진하는 전술을 구사했다. 그래서 조선 후기 무과 시험에 새롭게 마상편곤이 추가되었던 것이다. 이처럼 조선군의 전술 변화를 무기의 변화에서도 찾을 수 있다. 더 나아가 강력한 청나라 기병을 상대하기 위한 무기의 변화는 곧 국제정치와도 연결된다. 무예를 통해 군사들의 신체 변화를 연구하기도 하지만, 넓게 보면 국제외교의 일부분까지도 엿볼 수 있다.

전쟁터의 명장 적청

마상편곤을 이야기할 때 빼놓을 수 없는 인물이 '적청'이다. 적청이 농지고를 정벌할 때, 한밤중에 곤륜관을 넘어 기병 2,000여 기를 이끌고 출전했다. 그런데 적이 후방에서 표창과 방패로 무장해 방어하자 위기에 빠지지만, 마상편곤을 뽑아 들고 돌진해 그 방벽을 돌파했다고 한다. 적청은 1008년에 태어나 1057년에 죽은 중국 북송北宋의 명장이다.

　적청은 우리나라에는 잘 알려져 있지 않지만, 중국에서는 꽤 유명하다. 한때 TV시리즈의 주인공으로 명성을 알렸던 '판관 포청천'과 쌍벽을 이룰 정도다. 중국의 무협 이야기를 담은

『수호전水滸傳』에 "문곡성文曲星과 무곡성武曲星이 있는데 무슨 걱정을 하는가!"라는 문장이 나오는데, 문곡성은 정의로운 판관인 포청천을, 무곡성은 용맹한 장수인 적청을 가리킨다.

적청의 삶을 좀더 자세히 들여다보자. 적청은 북송의 장수 중 가장 영예로운 인물로, 무인들이 단 한 번도 오르지 못했던 추밀사樞密使를 지냈다. 추밀사는 지금으로 치면 국방부 장관이다. 그런데 그의 시작은 '흙수저'였다. 가난한 집안에서 태어나 제대로 공부를 익히지도 못했다. 심지어 16세에는 형 대신에 자자형刺字刑을 받은 뒤 군대로 끌려갔다. 이른바 자자충군刺字充軍이었다.

그러나 적청은 위기를 기회로 만들 줄 아는 사람이었다. 1038년, 북송 주변에 티베트계 유목민족인 탕구트가 '서하西夏'라는 새로운 나라를 세움으로써 또 다른 이민족 황제가 등장했다. 당시 적청은 변방을 지키는 하급 군관이었는데, 서하와의 전투에서 스스로 선봉장이 되어 단기필마單騎匹馬로 수차례 서하군의 선봉을 박살냈다. 그러다가 스승을 만나 글을 배우기 시작한 뒤 고금의 모든 병서를 모두 머릿속에 외워버렸다.

이후 적청은 25차례의 크고 작은 전투에 참가했다. 화살에 맞아 목숨을 잃을 뻔할 정도로 심각한 부상을 입기도 했지만, 그는 단 한 번도 진 적이 없었다. 그의 부하들은 절대적 승리감을 맛보았다. 그렇게 적청이 전공을 쌓아나가자 황제도 그를 인정하기 시작했다. 주변의 북방 이민족들이 북송을 위협하면 적청이 선두로 나아가 모두 깨끗하게 정리했다. 이후 북방은 완전히 평정되었다. 마침내 적청은 무공을 인정받아 40세가 되던 1052년에 추밀부사 직까지 올랐다. 일반 평민의 자제로 그토록 빠르게 승진한 경우는 단 한 번도 없었다.

하지만 평화도 잠시, 이번에는 남쪽의 광저우에서 반란이 일어났다. 적청은 서하와의 전투에서 함께했던 소수민족 기병 수백 명을 이끌고 남하했다. 앞서 선발대로 간 북송의 부대가 거의 전멸당한 수준으로 심각한 전황이었지만, 적청이 곤륜관 지역에서 적의 두터운 방어선을 무너뜨리고 적을 끝까지 추격해 몰살함으로써 반란을 완전히 진압했다. 그때 그가 사용한 무기가 바로 마상편곤이었다. 열렬한 환영을 받으며 마상편곤을 어깨에 짊어지고 개선한 적청은 추밀사로 임명되었다. 국방 분야 최고의 지위까지 오른 것이다. 그러나 적청의 비극은 이때부터 시작되었다.

적청은 늘 겸손하게 국가에 충성심을 나타냈고, 그의 품행이나 전공은 당시 백성들에게 회자되었다. 그러나 적청의 인기가 올라갈수록 다른 권력자들은 마음을 놓지 못했다. 특히 황제는 완전무결에 가까운 적청에게 질투심을 느꼈다. 온갖 유언비어가 적청 주변에 쏟아졌다. 심지어 적청이 황위를 찬탈하려 한다는 엄청난 소문이 횡행했다.

이에 조정에서는 적청을 북송의 변방인 진주를 다스리는 지사로 보내버렸다. 그러고는 한 달에 두 번씩 위로 방문이라는 명분으로 황제의 사신이 그를 감시했다. 결국 진주로 내려온 지 불과 반년도 안 되어 적청은 우울증과 정신병으로 병사했다. 그의 나이 49세였다. 전쟁터의 맹장, 군사들의 꿈이었던 그가 시기와 질투를 견디다 못해 떠나간 것이다.

적청이 죽은 후에 황제는 애도를 표하고 중서령의 관직을 추증하며 '무양武襄'이라는 시호를 내렸다. 모든 군사와 백성이 적청의 죽음을 슬퍼했다. 하지만 어찌하겠는가. 치기 어린 군상이 가득한 그곳은 적청이 오래 머무를 곳이 아니었을지도 모른다.

적청이 죽은 지 얼마 되지 않아 북송의 군사력은 최악의 상태까지 곤두박질쳤다. 제대로 된 전투를 할 수 없었던 북송은 주변 이민족들에게 은과 비단을 바치며 간신히 버텨냈다. 찬란했던 중원의 문화는 서서히 빛을 잃어갔다. 이후 북방의 여진족은 세력을 팽창해 마침내 금金을 세웠고, 한족의 명맥을 이은 북송은 금나라의 말발굽 아래 멸망했다.

그래서 한족들은 한족의 마지막 자존심을 지켜준 적청을 영웅으로서 신비화하고 추앙하기 시작했다. 어떤 이에게 살아 있는 영웅은 거북한 존재다. 그러다 보니 때로는 죽고 난 뒤에야 비로소 진정한 영웅으로 숭앙받는다. 그러나 그 존재의 사라짐은 나라 혹은 조직이 망가지는 시작이기도 하다. 콤플렉스, 열등감에 시달리면 시기와 질투에 눈이 멀어 매사를 꼬아서 보게 된다. 세상살이가 그런가 보다. 만약 임진왜란의 명장 충무공 이순신도 노량 앞바다에서 왜군의 총탄에 죽지 않았다면 또 다른 정치적 총탄이 그를 기다리고 있었을지 모른다.

무예의 문화사적 이해의 시작과 끝, 권법

조선시대에도 권법은 마치 체조처럼 군영에서 훈련되었다. 맨손 무예인 권법은 모든 무예를 익힐 때 기본이 되는 신체 훈련법이었다. 그 때문에 옛사람들은 권법을 '초학입예지문初學入藝之門'이라고 생각했다. 즉, 초심자가 무예를 익히기 위한 관문과 같은 몸 쓰기의 기본을 만드는 과정이 맨손 무예에 담긴 것이라고 본 것이다. 일단 자신의 몸을 알아야 칼을 잡든, 도끼를 잡든 무기를 사용할 수 있는 것이다.

만약 자신의 몸조차도 제대로 이해하지 못한 채 무작정 무겁고 날카로운 무기에 집착하면 상대를 제압하는 것이 아니라, 자신의 몸을 상하게 만들어버린다. 자신의 몸을 다지고 이해하며, 마음을 채우고 다스리는 행위가 무예다. 거친 자연 속에서 살아남기 위한 인간만의 야성野性, 그 야성을 바탕으로 가장 과학적이고 실전적인 지성智性의 상징체로 탄생한 것이 바로 무예다. 거기에 내 몸과 마음에 대한 믿음이 강화되면 영성靈性의 단계까지 발전하는 것이다. 그래서 무예를 인간의 독특한 '몸 문화'로 본다.

한편 조선 후기 군사들이 익힌 권법에서 무예의 문화사적 흐름을 엿볼 수 있다. 태권도를 통해 무예 문화를 연구하는 것과 유사하다. 태권도가 어떻게 만들어졌고, 보급되었는지를 연구하는 과정 자체가 지금 한국의 무예 문화를 읽어내는 중요한 핵심이 될 수 있는 것처럼 말이다.

『무예도보통지』에 실린 권법은 명나라의 척계광이 1560년에 쓴『기효신서』를 비롯한 몇 가지 책에 그 기본 바탕을 두고 있다. 그렇다고 해서 중국의 움직임을 그대로 따라 한 것이 아니라 신체, 문화적 차이로 인해 조선화한 권법을 수록했다. 그렇다면『무예도보통지』의 권법은 기존 무예서들과 어떤 점이 다를까?

첫째, 조선 후기 군영에 보급된 권법은 중국의 맨손 무예인 권법을 그대로 연결 지어 만들어낸 보譜의 형태였다. 이는

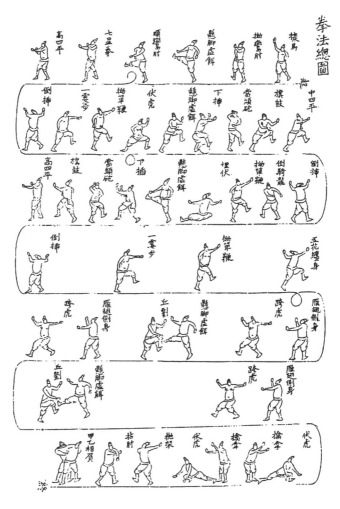

「권법총도」

중국의 권법이 조선에 보급되어 새롭게 정착된 모습을 확인할 수 있다. 탐마세를 시작으로 갑과 을 두 사람이 서로 몸을 맞대고 교전하는 것으로 끝맺음을 한다.

『기효신서』를 비롯한 당대 권법 수련 방식과는 다른 형태로 조선군의 권법 시험과 평가에 활용할 수 있도록 토착화의 가능성을 만들어주는 배경이 되었다.

둘째, 조선군이 권법을 익힌 가장 중요한 이유는 다른 병기를 더욱더 원활하게 사용하기 위해서였다. 권법에서 주먹을 지르는 동작을 높이에 따라 상평上平, 중평中平, 하평下平 등으로 나누는데, 이것이 창법槍法에도 동일하게 적용되었다. 예를 들어 권법의 '고사평세高四平勢'나 '중사평세中四平勢'의 움직임이 장창의 찌르기 높이 중 상평창, 중평창, 하평창 등에 그대로 적용되었다. 장창의 '지남침세指南針勢'는 상평上平으로 볼 수 있으며, '십면매복세十面埋伏勢'는 '하평창법下平鎗法' 수련과 연관 지어 훈련할 수 있었다.

또한 낭선狼筅이나 당파鐺鈀 같은 특수무기는 그 무게와 길이 때문에 기본적인 체력 훈련과 유연성 강화를 반드시 필요로 했다. 그러다 보니 권법 수련은 군사들의 '평범한 몸'을 '무예하는 몸'으로 전환시키는 데 가장 효과적이었다.

『무예도보통지』 권법의 핵심 기법은 강력한 타격력을 얻는 것이 아니었다. 그보다는 손발을 자유자재로 사용하기 위한 일종의 도수체조 성격이 주를 이루었다.

한편 권법은 음양수의 기본을 익히는 가장 효과적인 훈련법이기도 했다. 발 기술보다 손 기술 중심의 동작이 많아 창이나 도검 등과 같은 무기술을 연마할 때 권법의 자세를 그대로 활용했다. 게다가 권법에서 앉듯이 자세를 완전히 낮춰 손이나 발로 적을 공격하는 형태인 매복세埋伏勢나 복호세伏虎勢는 등패籐牌의 매복세나 저평세低平勢의 신체 움직임과 거의 유사하다. 이러한 권법을 통한 무기 활용 능력 강화 때문에 관무재에서도 권법수拳法手라는 살수殺手 시험 과목에 권법뿐만 아니라 편곤, 협도, 곤방, 죽장창 등을 함께 보았다. 따라서 조선 후기의 권법은 명나라의 다양한 단병접전용 무기술의 활용 범위를 더욱 넓게 했다고 할 수 있다.

셋째, 조선의 권법은 연속된 투로 형태에서 두 사람이 서로 몸과 몸을 맞대고 합을 맞춰 연습하는 교전의 형태로 발전하면서 더욱 실전적인 움직임으로 변화해갔다. 특히 단순한 타격기뿐만 아니라 근접거리에서 상대의 관절을 꺾거나 제압하는 유술기의 형태까지 추가되면서 권법의 활용성은 더욱 확대되었다.

넷째, '권법에는 정해진 세勢가 있는데, 실전에는 정해진 세勢가 없다'라는 말처럼 권법 훈련을 통해 무기술을 비롯한 전투에서 가장 중요한 '세勢'를 이해할 수 있게 되었다. 이는 훈련을 위해 정해진 '자세'는 있지만, 그것을 실전에 사용할 때에는 '자세'가 없다는 것이다. 즉, 실전에서는 훈련을 바탕으로 다양한 상황에 맞게 변용해야 한다는 의미다. 실전에서 태권도의 '고려'나 '금강' 품새로 누군가를 제압할 수 있는 것이 아니라, 그 안에 담긴 여러 동작을 활용해 상황에 따라 적절하게 대처해야 한다는 것을 말한다.

마지막으로 가장 독특한 특성은 국가가 주도적으로 권법을 보급시켰다는 것이다. 이는 중국이나 일본과 같은 다른 나라에서는 볼 수 없는 조선만의 독특한 무예 전파 방식이자 정착 과정이었다. 그 덕분에 조선의 권법은 더욱 빠르게 군사들을 통해 안착할 수 있었으며, 관무재나 시취試取 등 각종 군사 시험의 과목으로 지정되어 안정적으로 보급되었다.

비록 중국의 권법이 조선의 군사들에게 보급되었지만, 자연스럽게 조선화하면서 또 다른 신체문화로 자리 잡았다. 이러한 무예의 문화적 변화 현상은 자연스러운 것이다. 그래서 무예를 '문화'의 일부로 살펴야 한다. 중국의 문화와 조선의 기층문화가 다르면, 똑같은 권법이라도 시간이 지나면 자연스럽게 토착화하기 마련이다.

이에 『무예제보』에서는 무예 문화의 변화에 대한 생소함을 '젓가락과 숟가락'이라는 식문화에 비유하기도 했다.

무릇 우리나라 사람은 음식을 먹을 때 숟가락을 사용하지만 중국인은 젓가락을 사용하니 중국인으로 하여금 숟가락을 사용하도록 하고 우리나라 사람으로 하여금 젓가락을 사용하도록 시험하면 각각 생소한 근심이 없지 않을 것이니 이는 익숙하고 익숙하지 않았기 때문이다. 숟가락과 젓가락을 사용하는 것도 오히려 그러한데 하물며 검과 창을 사용함에 있어서는 어떻겠는가. 궁시는 비록 우리나라의 장기長技지만 어찌 그 하나만을 익히고 다른 무예를 폐할 수 있겠는가?

임진왜란을 극복하기 위해 조선군은 더욱더 빠르게 중국의 권법을 도입해야 했다. 하지만 우리와 다른 중국의 몸짓을 쉽게 받아들이기 어려웠다. 그래서 조선은 특단의 대책을 마련했다. 바로 아이들의 놀이로 권법을 보급하기 시작한 것이다.

『선조실록』을 보면, 권법을 보급하기 위해 얼마나 다양한 방법들을 모색했는지 알 수 있다.

권법은 용맹을 익히는 무예인데, 어린아이들로 하여금 이를 배우게 한다면 마을의 아이들이 서로 본받아 연습하여 놀이로 삼을 터이니 뒷날 도움이 될 것이다. 이 2가지 무예를 익힐 아동을 뽑아서 종전대로 이중군에게 전습받게 할 것을 훈련도감에 이르라.

이처럼 문화적 확산은 강요한다고 되는 것이 아니다. 최대한 자연스럽게 문화 저변에 녹아들어야 가능하기에 조선은 아이들의 놀이로 권법을 풀어냈다. 당연히 그 과정에서 중국의 몸짓은 재미있는 놀이가 되어 조선 아이들의 몸에 맞게 새롭게 변형되었다. 그렇게 서서히 조선화한 권법이 골목길을 따라 퍼져나갔다.

무예는 몸을 다스려 마음을 채우는 몸짓이다. 단단하고 질긴 인대와 근육, 그리고 뼈를 만들어 몸을 자유롭게 만드는 것이다. 신체가 건강해야 정신도 건강해지는 법이니까 말이다. 제아무리 뛰어나고 아름다운 생각도 건강한 몸을 통해 구현될 때 비로소 제자리를 찾아갈 수 있다.

그리고 그 바탕에는 맨손 무예인 권법이 자리 잡고 있다. 무거운 무기의 무게를 내 두 손으로 견딜 수 있는 지구력과 날카로운 적의 무기를 빠르게 방어하는 순발력은 권법을 통해 채워진다. 한 걸음 더 나아가, 무예는 몸을 살피며 지루함을 즐기는 방식을 몸으로 익히는 것이다. 지루하고 모진 세상살이를 견디는 힘이 무예 수련에 담겨 있다. 그래서 무예를 즐기듯 재미있게 배워나가면 인생도 즐거워진다. 그것이 내가 오래도록 무예를 수련하는 근본적인 이유이기도 하다.

『무예도보통지』 속 무예 24기

무예 24기는 보병 무예 18기에 기병 무예 6기를 더한 것이다. 『무예도보통지』 권1에 장창, 죽장창, 기창, 당파, 기창, 낭선이, 권2에 쌍수도, 예도, 왜검, 교전이, 권3에 제독검, 본국검, 쌍검, 마상쌍검, 월도, 마상월도, 협도, 등패가, 권4에 권법, 곤방, 편곤, 마상편곤, 격구, 마상재가 실려 있다.

1 장창 보졸步卒이 장창을 가지고 하는 무예로, 전보와 후보로 이루어졌으며 대적, 기만, 방어, 공격세 같은 세가 있다.

2 죽장창 대나무를 여러 겹 붙여 만든 긴 창을 가지고 익혔던 무예로, 주로 적의 기병을 막을 때 썼다. 1759년(영조 35) 소조가 처음 시작했다고 알려졌다.

3 기창旗槍 창의 일종인 단창을 활용한 무예로, 고려시대 때 어가御駕를 호위하는 군사들이 익혔다.

4 당파 끝이 세 갈래로 갈라지고 자루가 긴 창인 당파창을 가지고 하던 무예이며 주로 적의 창을 막을 때 썼다.

5 기창騎槍 말을 타고 달리며 창을 쓰는 무예로, 무과 시험의 주요 과목 중 하나였다.

6 낭선 긴 대나무에 아홉 층부터 열한 층의 가지가 달려 있고 창대 끝과 가지 안쪽에 쇠붙이로 만든 날카로운 날이 있는 창을 쓰던 무예다.

7 쌍수도 두 손으로 칼을 쥐고 검술을 익히던 무예다. 왜구의 검에 대적하기 위해 고안되었다.

8 예도 중국에서는 '조선세법'이라 불렀다. 환도를 가지고 하는 검술로, 조선 검법의 핵심이다.

9 왜검 숙종 대 군교 김체건이 조선에 보급한 일본의 검법이다. 운광류, 천유류, 토유류, 류피류 등의 4가지가 있다.

10 교전 김체건이 만들었다고 알려졌으며 무예 24기 중에서 가장 뒤늦게 완성된 검법이다. 두 사람이 각기 왜검을 가지고 맞서서 검술을 익히는 무예다.

11 제독검 임진왜란 때 명나라 무장 이여송의 군사가 전했다고 알려졌으며, 요도腰刀를 가지고 휘두르던 검술이다.

12 본국검 조선을 대표하는 검법 중 하나로, 전후좌우 사방을 효과적으로 공격하고 방어할 수 있는 무예다.

13 쌍검 양손에 짧은 요도를 하나씩 쥐고 여러 가지 세를 취하면서 행하던 무예다.

14 마상쌍검 완전무장 한 군사가 말을 달리며 두 손에 칼을 쥐고 펼치는 무예다.

15 월도 초승달 모양으로 둥그렇게 휘어진 언월도를 이용한 검술로, 언월도는 『삼국연의』에서 관우가 사용한 것으로 유명하다.

16 마상월도 말 위에서 언월도를 사용하는 검술로, 장교들이 주로 수련했던 무예다.

17 협도 칼날의 모양이 사람의 눈썹을 닮아 '미첨도眉尖刀'로 불리며, 창의 기법이 담긴 무예다.

18 등패 등나무 줄기로 만든 방패를 왼손에 들고 화살이나 표창을 막으며 오른손으로는 요도를 써서 공격하는 무예다.

19 권법 맨손으로 치고 맨발을 차거나 하는 우리 고유의 무술로, 창검 무예를 배우기 전에 익혔던 맨손 무예다.

20 곤방 긴 봉을 이용해 서로 교전하며 익히는 무예로, 음양수를 익히는 기본 무예다.

21 편곤 쇠도리깨와 곤봉으로 하는 무예로, 연속 공격이 쉽고

강한 타격력 때문에 기병들이 주로 썼다.

22 마상편곤 조선 후기 무과 시험의 필수과목이었던, 기병 최
   고의 타격 무예다.

23 격구 장시라는 도구를 이용해 말을 달리며 공을 다루었던
   경기이자 기병용 무예다.

24 마상재 말을 달리며 그 위에서 물구나무를 서거나 옆으로
   눕는 등의 재주를 부리는 기병용 무예다.

참고 문헌

1. 사료

『경국대전經國大典』

『경세유표經世遺表』

『국조보감國朝寶鑑』

『기효신서紀效新書』

『능허관만고凌虛關漫稿』

『대전회통大典會通』

『만기요람萬機要覽』

『무예도보통지武藝圖譜通志』

『무예제보武藝諸譜』

『무예제보번역속집武藝諸譜飜譯續集』

『병장설兵將設』

『병학지남兵學指南』

『병학지남연의兵學指南演義』

『병학통兵學通』

『비변사등록備邊司謄錄』

『사법비전공하射法秘傳攻瑕』

『성호사설星湖僿說』

『속대전續大典』

『속병장도설續兵將圖說』

『승정원일기承政院日記』

『아정유고雅亭遺稿』

『연경재전집외집研經齋全集外集』

『연병실기練兵實紀』

『연병지남練兵指南』

『원행을묘정리의궤園行乙卯整理儀軌』

『일성록日省錄』

『장용영고사壯勇營故事』

『장용영대절목壯勇營大節目』

『조선왕조실록朝鮮王朝實錄』

『청장관전서靑莊館全書』

『홍재전서弘齋全書』

『화성성역의궤華城城役儀軌』

2. 단행본

강신엽, 『조선의 무기 1』, 봉명, 2004.

────, 『조선의 무기 2』, 봉명, 2004.

국사편찬위원회 엮음, 『전쟁의 기원에서 상흔까지』, 두산동아, 2006.

────────, 『나라를 지켜낸 우리 무기와 무예』, 두산동아, 2007.

김경현 외, 역사학회 엮음, 『정조와 18세기』, 푸른역사, 2013.

김인걸 외, 『정조와 정조시대』, 서울대학교출판문화원, 2011.

김우철, 『조선후기 지방군제사』, 경인문화사, 2000.

김종수, 『조선후기 중앙군제 연구』, 혜안, 2003.

나영일 외, 『조선 중기 무예서 연구』, 서울대학교출판부, 2006.

노영구 외, 『정조대의 예술과 과학』, 문헌과해석사, 2000.

서태원, 『조선후기 지방군제연구』, 혜안, 1999.

이근호 외, 『조선후기의 수도방위체제』, 서울시립대학교부설서울학연구
　　　소, 1998.

이중화, 『조선의 궁술』, 조선궁술연구회, 1929.

이태진, 『조선후기의 정치와 군영제 변천』, 한국연구원, 1985.

장학근, 『조선시대 군사전략』, 군사편찬연구소, 2006.

정해은, 『조선후기 국토방위전략』, 군사편찬연구소, 2002.

최형국, 『궁술, 조선의 활쏘기』, 민속원, 2022.

─────, 『한국 전통 병서의 이해』, 군사편찬연구소, 2002.

─────, 『병서, 조선을 말하다』, 인물과사상사, 2018.

─────, 『정조, 무예와 통하다』, 민속원, 2021.

─────, 『정조의 무예사상과 장용영』, 경인문화사, 2015.

─────, 『조선무사』, 인물과사상사, 2009.

─────, 『조선의 무인은 어떻게 싸웠을까』, 인물과사상사, 2016.

─────, 『조선후기 기병전술과 마상무예』, 혜안, 2013.

최홍규, 『정조의 화성 건설』, 일지사, 2001.

최효식, 『조선후기 군제사 연구』, 신서원, 2007.

한영우, 『정조의 화성행차 그 8일』, 효형출판, 1998.

3. 논문

강문식, 「正祖代 華城의 防禦體制」, 『韓國學報』 82, 일지사, 1996.

김준혁, 「조선 정조대 장용영 연구」, 중앙대학교 박사학위논문, 2007.

나영일, 「『무예도보통지』의 무예」, 『진단학보』 91, 진단학회, 2001.

노영구, 「선조대 기효신서의 보급과 진법 논의」, 『군사』 34, 군사편찬연
　　　구소, 1998.

─────, 「임진왜란 이후 전법의 추이와 무예서의 간행」, 『한국문화』 27,

서울대학교 규장각한국학연구원, 2001.

──, 「정조대 병서 간행의 배경과 추이」, 『장서각』 3, 한국학중앙연구원, 2000.

──, 「조선후기 단병 무예의 추이와 무예도보통지의 성격」, 『진단학보』 91, 진단학회, 2001.

──, 「조선후기 병서와 전법의 연구」, 서울대학교 박사학위논문, 2002.

──, 「조선후기 성제 변화와 화성의 성곽사적 의미」, 『진단학보』 88, 진단학회, 1999.

박기동, 「조선후기 무예사 연구」, 성균관대학교 박사학위논문, 1994.

박현모, 「정조의 성왕론과 경장정책에 관한 연구」, 서울대학교 박사학위논문, 1999.

배우성, 「정조시대의 군사정책과 『무예도보통지』 편찬의 배경」, 『진단학보』 91, 진단학회, 2001.

신명호, 「조선후기 국왕 行幸時 국정운영체제: 『園行乙卯整理儀軌』를 중심으로」, 『조선시대사학보』 17, 조선시대사학회, 2001.

심승구, 「조선시대 무과에 나타난 궁술과 그 특성」, 『학예지』 7, 육군박물관, 2000.

──, 「조선전기 무과연구」, 국민대학교 박사학위논문, 1994.

──, 「한국 무예사에서 본 『무예제보』」, 『한국무예의 역사·문화적 조명』, 국립민속박물관, 2004.

──, 「한국 무예의 역사와 특성」, 『군사』 43, 군사편찬연구소, 2001.

이달호, 「화성 건설 연구」, 상명대학교 박사학위논문, 2003.

이왕무, 「조선후기 국왕의 능행 연구」, 한국학중앙연구원 박사학위논문, 2008.

유봉학, 「정조대 정국 동향과 화성성역의 추이」, 『규장각』 19, 한국학연구원, 1996.

장필기, 「정조대의 화성건설과 수도방위체제의 개편」, 『조선후기의 수도방위체제』, 서울학연구소, 1998.

정해은, 「18세기 무예보급에 대한 새로운 검토」, 『이순신연구논총』 9, 순

천향대학교 이순신연구소, 2007.

―――,「임진왜란기 조선이 접한 단병기와『무예제보』의 편찬」,『군사』 51, 군사편찬연구소, 2004.

―――,「조선후기 무과연구」, 한국정신문화연구원 석사학위논문, 1993.

최형국,「『병학통』의 전술과 화성행행「반차도」의 무예 시위군 배치 관계 성 연구」,『무예연구』15-1, 무예학회, 2021.

―――,「18세기 활쏘기國弓 수련방식과 그 실제」,『탐라문화』50, 탐 라문화연구원, 2015.

―――,「육군박물관 소장『무예도보통지』편찬의 특징과 그 활용」,『학예 지』24, 육군박물관, 2017.

―――,「正祖代 華城 방어체제에 따른 壯勇營의 군사조련과 무예훈련」, 『중앙사론』38, 중앙사학연구소, 2013.

―――,「정조시대 무반 진흥책과 홍양호의 해동명장전」,『수원지역문화 연구』9, 수원지역문화연구소, 2022.

―――,「정조의 문무겸전론과 병서 간행」,『역사민속학』39, 한국역사민 속학회, 2012.

―――,「조선 정조대 장용영 창설과 마상무예의 전술적 특성」,『학예지』 17, 육군박물관, 2010.

―――,「조선시대 기사 시험방식의 변화와 그 실제」,『중앙사론』24, 중 앙사학연구소, 2006.

―――,「조선후기 왜검교전 변화연구」,『역사민속학』25, 한국역사민속학 회, 2007.

―――,「조선후기 진법 원앙진의 군사무예 특성」,『군사』78, 군사편찬 연구소, 2011.

―――,「挾刀의 탄생: 조선후기 大刀類 武藝의 정착과 발전」,『조선시대 사학보』50, 조선시대사학회, 2017.

무예로
조선을
꿈꾸다
ⓒ 최형국, 2023

초판 1쇄 2023년 4월 14일 찍음
초판 1쇄 2023년 4월 20일 펴냄

지은이 | 최형국
펴낸이 | 강준우
기획·편집 | 박상문, 김슬기
디자인 | 최진영
마케팅 | 이태준
인쇄·제본 | (주)삼신문화

펴낸곳 | 인물과사상사
출판등록 | 제17-204호 1998년 3월 11일

주소 | (04037) 서울시 마포구 양화로7길 6-16 서교제일빌딩 3층
전화 | 02-325-6364
팩스 | 02-474-1413

www.inmul.co.kr | insa@inmul.co.kr

ISBN 978-89-5906-684-1 03910

값 16,800원